孤絶

家族内事件

読売新聞社会部

中央公論新社

まえがき

親や配偶者の介護を苦にした殺人や心中、わが子の障害やひきこもりに長年悩んだ親たちによる事件、そして幼い子どもが被害者となる虐待。こうした家族内で起こる事件が急増している――。本書に収録された読売新聞の連載「孤絶・家族内事件」は、刑事裁判を担当する社会部の現場の記者たちの問題意識が出発点でした。

事件報道において、家族内で起きた事件は、ともすれば社会の耳目を集める大きな事件の中に埋もれてしまいがちです。その理由の一つには、多数の死傷者が出た大事件・大災害、国民生活や企業活動に影響を及ぼすような大型経済事件や、読者の関心の高い著名人が当事者となるような事件の取材が優先されてしまうという事情があります。もっと本音を言えば、新聞紙面で大きく取り上げる事件に比べて、家族内で起きた事件には「事件性」が薄いという思いが報道をする私たちの側に潜んでいるのだろうと思います。

この「事件性」という言葉は、新聞記者が駆け出しの頃に最初に覚える用語です。例えば、人が列車に轢《ひ》かれて死亡したという事案について、誰かにホームから突き飛ばされた結果であれば殺人事件ですが、自殺であれば「事件性なし」ということで、そのこと自体を報道することはまずありません。「事件性」の有無とは、ニュース価値に関わる用語として使われます。そして、家族内の事件についていえば、それがたとえ殺人事件であっても、身内の問題だという意味で「事件性」が薄いと受けとめてしまうのだと思います。

刑法にも親族間の特定の犯罪については罰しないという特例があります。これは「法は家庭に入らず」という理念、国家は家庭内の問題には介入しないという考え方からきています。しかし、近年、国や公的機関の不介入と対応の遅れが痛ましい家族内事件に結びつくような事例が相次いでいます。刑法犯罪が毎年減少する中で、家族内の深刻な事件が急増しているのはなぜか。埋もれた事件を掘り起こし、当事者の生の話を聞いて、その疑問に答えていくことには大きな社会的意義があるはずだと私たちは考えました。そして、取材を通じて分かったのは、家族内で起きた悲劇の一つひとつに、私たち自身、私たちの家族の誰もが直面するかもしれない苦悩が内在しているということでした。この連載は、社会部を中心に社会保障部、国際部、写真部の計19人の記者が担当しましたが、記者たちは事件当事者、関係者の話に耳を傾け、事件の背景を浮かび上がらせることで、同じ悲劇を繰り返させない手がかりを示したいという思いに突き動かされて、このテーマに取り組みました。

家族内で起きた事件の当事者に話を聞くという取材の難しさは予想をはるかに上回りました。家族内事件はプライバシーの壁が高く、警察などから得られる情報も多くはありません。当事者も家族親族や周囲への影響を恐れてほとんど取材には応じてくれません。取材班は、まず当事者を探すために、読売新聞の全国の支局に残る過去の取材資料を集めてリスト化し、取材メンバーが一人ひとりに取材の趣旨を説明し、取材交渉を行いました。10人に1人会えればいい方で、中には最初に手紙を書いてから3か月間、手紙だけのやりとりを続けてようやく直接面談できた方もいました。また、取材の趣旨を理解して取材に応じてくれたものの、記事掲載時になって、「取材の意図には賛同するので掲載は構わない。しかし、自分は心の傷をえぐられるようなことを語っている。その記事は読みたくないし、この話題には今後も触れたくない」と話した人もいました。

連載に当たっては、いくつか注文をつけました。一つは、加害者の証言だけで記事を作成しないということです。苦悩の末の犯行とはいえ、加害者の言い分のみに依拠したものとはせず、被害者、残された家族、隣人、職場の同僚、公的機関やケアマネジャー、裁判に関わった弁護士や裁判員など、可能な限り取材を尽くし、事件に至る経緯や当事者の境遇、心情を多面的に描くことを心がけました。もう一つは、救いのない内容になりがちなテーマにあって、同じ悩みを抱える読者に問題改善や解決の道筋を示せるよう、毎回、識者からのアドバイスや支援団体などの連絡先を掲載することでした。

連載は2016年12月にスタートし、第1部から第5部まで計40回の記事を掲載しましたが、各テーマの取材には予想以上の時間がかかり、2018年1月まで1年2か月という長期連載となりました。

第1部「介護の果て」では、高齢者介護（老々介護）を巡る悲劇を取り上げました。高齢化社会の進展に介護家族の支援が追いつかない中で極限まで追い込まれた家族の苦悩を報告しています。

第2部「親の苦悩」は、精神障害や病気、ひきこもりなどに悩んで最愛の子どもに手をかけた親たちの話を集めました。一方で、精神障害で荒れていた息子が就職できるほど回復するまで支えてきた母親の体験など希望につながるケースも紹介しました。

第3部「幼い犠牲」では、児童虐待を正面から取り上げました。わが子を虐待死させた加害者、それを防げなかった関係者に直接取材し、父親の性的虐待を受けた被害者の生々しい証言も報じました。この連載の後、東京都目黒区の5歳女児や千葉県野田市の小4女児が犠牲になった虐待事件が起きました。本書では、これらのケースについても加筆しました。

第4部「気づかれぬ死」では、地域社会から孤立し、家族にも親族にも看取られずに亡くなっていく「孤立死」をテーマにしました。孤立死は、刑事事件ではありませんが、家族や親族にとってはショッキングな事件にほかなりません。この連載に合わせた独自調査で、2016年の1年間で孤立死が全国で少なくとも1万7000人を超えていたことも初めて明らかにしました。

第5部「海外の現場から」では、第1部から第4部で取り上げた各テーマに関し、支援先進国といわれるイタリア、英国、米国、フランスにおける取り組みと、そうした国々でも今なお悲劇がなくなっていない状況をリポートしました。

一連の記事からは、戦後70年を経た日本で、少子高齢化と核家族化、都市化などで地域社会の結びつきが希薄化し、孤立した家族が周囲に相談できないまま問題を抱え込み、悲劇を生んでいるという実態がまざまざと伝わってくると思います。タイトルの「孤絶」という言葉は、「世間とはつながりがなく孤立していること」を意味します。インターネットが発達し、どんな商品もネットで注文できるような便利な世の中になって、社会の高齢化がさらに進み、隣人との付き合いがなくなって来れば、私たちの誰もが、この連載に取り上げられたような苦悩に直面する可能性は高いと思います。

昨年12月に法務省が公表した「平成30年版　犯罪白書」において、「進む高齢化と犯罪」という特集が組まれました。日本の刑法犯の認知件数は、２００２年をピークに年々減少を続け、２０１７年も戦後最少を更新する一方、検挙数に占める65歳以上の高齢者の比率は約20年の間に４・２％から21・５％に急増しています。白書に掲載された高齢者の殺人事件に関する特別調査の結果は衝撃的でした。

高齢者が起こした殺人事件の被害者は、配偶者・親・子といった親族が約7割を占めており、犯行動機のトップは、「問題の抱え込み」（約7割）でした。「問題の抱え込み」とは、社会的に孤立し、他の解決方法が選択できずに一人で問題を背負い込んだことが犯行の背景となっており、刑事裁判の判決でも「同情の余地がある」などと認められた事案です。

また、高齢者による殺人事件の被害者が自身の子どものケースでは、子どもに「精神の障害」があるとされたのが9割にも上っており、白書は「障害等を抱えた子の対処を、誰にも相談できないままに抱え込んだり、子の暴力・暴言に思い余って犯行に及ぶ状況が推察される」と指摘しています。一方、被害者が配偶者のケースでは、被害者が精神・身体のいずれか又は双方の障害を抱えているとされたのが5割に上り、約3割は被害者が「要介護・寝たきり」や「認知症」の状況にありました。この点について白書は、「高齢者特有の将来に対する不安や、自身と同様に高齢である配偶者との生活に行き詰まりを感じながら、これを抱え込んだままでいることが、殺人という悲劇につながった例が少なくない」と分析しています。この犯罪白書の特別調査の結果は、まさに読売新聞が一年以上かけて報じてきた内容を、数字的に裏付けるものでした。

家族内事件の背景にある介護や心身の障害、ひきこもりといった事情を家族が抱え込まないようにするために、社会全体がそうした家族の物理的・心理的負担を軽減していくための知恵を出していく必要があります。また、幼い犠牲を出さないために、子どもたちのSOSを見逃さず、社会が適切に対処していく制度を早急に構築していく必要があると思います。本書がその一助になればと願っています。

書籍化に際しては、事件当事者に可能な限り再取材しました。連載掲載後の当事者の状況について加筆した部分もあります。また、取材対象者の希望により本書への掲載を見合わせた記事もあります。本書に登場する方々の肩書きや年齢は紙面掲載時のままとしました。

2019年7月10日

読売新聞東京本社販売局次長（連載当時・社会部長）
原口隆則

孤絶——目次

第1部　介護の果て――――――17

第2部　親の苦悩　73

第3部　幼い犠牲　131

第4部　気づかれぬ死――163

第5部　海外の現場から――195

装幀／野田和浩

孤絶　家族内事件

第1部　介護の果て

認知症の妻と7年……限界に

２０１３年秋。九州中部の農村で事件は起きた。

高圧線の鉄塔のたもとに建つ、そのあたりの家々の中でひときわ新しい白い一軒家。午前9時30分頃、老いた男性は、玄関で倒れて動かなくなった妻の体に、タオルとジャンパーをかけた。

「これでやっと終わりだ」

何も反応がないことを確認すると、玄関先の駐車スペースにとめた自家用車に乗り込んだ。広い敷地をぐるりと囲んだ生け垣が、周りの田畑や民家からの視線を遮っている。

エンジンをかけ、排ガスを引き込んだホースを手にとった。数週間前から、排気パイプとホースをつなぐ方法を試していた。

ホースを口にくわえた。吸い込むと、意識が遠のいた。

◆

３年後の２０１６年夏——。
東京・大手町の読売新聞本社で、資料の束を繰っていた記者は、一つの小さな記事に目をとめた。

重度の認知症を患う妻（81）の介護に疲れ、無理心中しようとしたとして、□□県警△△署は、同県△△市、○○容疑者（80）を殺人未遂容疑で逮捕した。「介護に悩み、妻を殺して自分も死のうと思った」と供述しているという。

発表によると、○○容疑者は、自宅駐車場の乗用車内などで、妻の頭を金づちで数回殴ったり、首を電気コードで絞めたりして殺害しようとした疑い。妻は頭に10日間のけがを負った。○○容疑者は乗用車の排ガスを車内に引き込んで自殺を図ったが、訪ねた人が発見して通報した。

介護殺人や児童虐待など、家族内での悲惨な事件は、少子・高齢化社会における家族の分断と孤立を背景に、明らかに増加している。しかし、そうした事件の当事者の生の声が広く伝わる機会はほとんどない。読売新聞社会部の取材班は家族内事件について長期連載をするため、過去の事件を調べ始めていた。

２０１３年以降に全国で発生した介護殺人事件の資料の中に、九州での事件を報じたその記事はあった。見出しが縦1段分しかない、いわゆる「ベタ記事」だ。リストアップして番号を振った約２００の事件の中の、「１２８番」だった。男性はその後起訴され、執行猶予付きの有罪判決を受けたようだった。

介護殺人がニュースとして報道されることは、もはや「日常」になっていた。その事件も、未遂だったものの夫婦間の典型的な介護殺人であり、他の事件と同じように報じられ、社会から忘れられていくように見えた。

それでも、まずはこの加害者の男性に話を聞く努力をしなければならない。取材班の他の記者と手分けし、すでに多くの事件の当事者に接触しようとしてきたが、苦戦していた。家族内の事件は、多くの場合、その家族や親族の誰もが永遠に封印しようとする。加害者と被害者がともに身内から出たことを考えれば、当然のことだ。だからこそ、事件を一つずつ丁寧に調べ、関係者に会ってもらえるよう粘り強く働きかけていくしかない。

3年前に事件を取材した地元の支局に残っていた資料を取り寄せると、弁護人の氏名が分かった。電話をかけ、取材の趣旨を説明すると、「家族の連絡先は分かるので、本人の意向を聞いてみます」と親切な言葉が返ってきた。

数日後、弁護士から「直接、電話をしてほしいと言っている」と連絡が入った。男性が同居する家族を気にせずに済むよう、平日の昼間に、教えられた番号を押した。

本人が出た。消え入るような声を予想していたが、意外に張りのある声だった。その九州弁を聞いていると、地元出身でもある記者の胸には懐かしさが広がった。すでに亡くなった、男性と同世代の祖父を思い出したからだ。

取材の約束を取り付け、電話を切った。今は事件現場の家を離れ、子どもの家族と一緒に暮らしているという男性が、取材を受ける条件として出したのは一つだけだった。「本音で話せるよう、独りの時に来てほしい」。

２０１６年9月末、記者は九州の地方空港からバスで約1時間半をかけ、海沿いの街に入った。指定された住所を頼りに、住宅街にある2階建ての家にたどり着いた。インターホンを鳴らすと、背の高い白髪の男性がドアを開けた。

「どうぞ」と促され、通されたのは大きなテーブルのある居間だった。庭に面した掃き出し窓のガラス越しに、秋の日差しが部屋を満たしていた。

妻は事件以来、高齢者施設に入ったままだという。向かい合って座った男性は、静かに語り始めた。その話は、遠い昔の、妻との馴れそめから始まった。


福岡県小倉市（現・北九州市）で、2人は高校生の時に知り合った。１９４４年の小倉空襲で焼け焦げた街を、米兵が行き交っている頃だった。

交際が始まったのは、高校を卒業して再会した後だ。おしゃべりが大好きで、周囲を引っ張るタイプだった妻は、靴クリームなどの商品をスピーカー付きの車で宣伝して回る仕事をしていた。

「子どもは皆、裸足なのに、靴クリームが売れるわけないじゃない」。そんなユーモア交じりの愚痴をこぼすたくましさにひかれた。男性が24歳、妻が25歳の時に結婚した。

息子2人に恵まれた。九州有数の大手企業に勤めていた男性は、30歳を過ぎてマイホームを建てた。酒は飲まず、これという趣味もなかったが、当時はまだ珍しかった自家用車を買った。家族で車に乗りたくて、数か月に1度は子ども2人を乗せて保養地を巡った。息子たちが成長し、独立してからも、夫婦で頻繁に旅行に出た。

熊本の阿蘇山、鹿児島の指宿……。九州にあるほとんどの観光地を回ってしまい、JRで東京や能登半島にも足を延ばした。

年を重ねるにつれて転勤は増えたが、単身赴任の同僚が多い中、妻は必ず付いてきた。新しい街を歩き回るのが好きなのだと言っていた。正義感が強く、PTA会長に自らなって「PTAを改革する」と意気込んだり、町会議員に立候補すると言い出したりすることもあった。

男性は、定年退職すると趣味のグラウンドゴルフに打ち込んだ。洋裁が得意な妻は、自分の洋服もカーテンも作った。社交家だった妻のもとには友人がよく集まり、家には笑い声が満ちていた。その家も古くなってくると、40年の会社勤めで貯めたお金を使い、建て直した。

ここで一緒に、老後を長く生きていくのだと思っていた。


1時間以上にもわたって、妻との楽しかった頃について話した男性は、どこかうれしそうに見えた。話に一区切りついた時、一抱えもある大きな裁縫箱を持ってきて、記者の前にあるテーブルに置いた。

「家内は大きな刺繍を作って玄関に飾り、洋裁ばかりしていた。じっとしとる女じゃなかったので、あの奥さんだけはボケん、と周りからは言われよったです」

イチョウをあしらった、和紙貼りの美しい箱だった。男性は、引き出しをそっと開け、ぎっしり詰まった色とりどりのボタンや、手作りのブローチなどを、大事そうに一つひとつ手に取って見せた。

「お腹がすくでしょう」。記者を気づかい、お茶や菓子も出してくれた。台所で準備する男性の手つきは慣れたものだった。妻を介護して暮らしていた頃、家事を覚えたのだろうか。

妻が重度の認知症になってからのことを、そろそろ聞かなければならなかった。男性が腰を下ろしたのを見はからって、質問を切り出した。

「ショックだったですよ。他人がなる病気だと思っていましたから」。その表情は、見る間に曇った。

男性が異変に気づいたのは、２００６年春のことだったという。妻は70代半ばにさしかかっていた。

あれほど人付き合いが好きだった妻が、知り合いの顔を見た時に、「あんな人、知らないよ」と言ったのが始まりだった。夫婦で一緒に体験したはずのことを覚えていない。そんなことが続き、その年の夏に病院に連れて行くと、認知症と診断された。

「病気の進行を止めたい」

「何とか治せないか」

焦りが募った。医師からは「症状を遅らせることはできても、止めることはできない」と言われた。夫としてできることは、何でもやった。「人との交流」が良いと聞いて華道や茶道の教室に通わせ、新聞で知った新薬の処方を医師に頼んだ。

すでに発症していることを隠し、認知症予防の会合にも参加して歌や踊りをさせたが、患者と分かると参加を断られた。旅行が良いと聞き、昔のように息子夫婦と車の旅に出た時には、旅先で粗相した妻の世話をする義理の娘の姿を見て、余計に胸が苦しくなった。妻は次第に、夫が何者なのかも分からなくなっていった。下着をゴミ箱に捨てたことを忘れては「誰かが持っていった」と騒ぎ、夫が作った夕食を「腐っている」と捨てたこともあった。

妻を慕って家に集まっていた仲間たちも、話が通じないことが続くうちに足が遠のき、夫婦2人は孤独を深めていった。


最初の診断から2年ほどして、徘徊《はいかい》が始まった。

妻は、親がまだ生きていると思っているようだった。「親のところに行かないかん」。その言葉が、毎回の合図だった。

親はもう死んだのだと言い聞かせても、妻は怒り出し、田畑が続く道に出て行ってしまう。雑草が高く生い茂る河川敷の土手を、妻が川や用水路に落ちないよう、途中の線路に入らないよう、数メートル後ろを付いて歩く日々が続いた。病気になる前は、2人で仲良く散歩した道だったのだ。

知らない間に出て行くことがないよう気づかい、日々の生活は緊張が続いた。風呂やトイレに入るときも、ドアは開けておいて妻の様子をうかがった。疲労がたまる一方だった。

疲れ切っていたからこそ、かすかな希望にすがりたくなった。時折、どういうわけか妻が昔に戻ったように見えることがあった。デイサービスから帰って来て、「おかしな入所者がいる」と夫に説明した時。昔の映画をテレビで見て、「あなた、これは見たじゃない。犯人はあの人よ」と当然のように言った時――。

ある日には、男性の下着のゴムひもが緩んでいるのを妻が見つけた。「貸してごらんなさい」。伸びてしまったゴムひもをはさみで切り、手際よく新しいひもを上手に通してくれた。「ひょっとしたら治るんじゃないか」。そう思わずにはいられなかった。

認知症になったことで、久しぶりに手もつないだ。「ごつくなったな」。長年、庭を手入れしてくれたからだと気づき、いとおしくなった。

「わらをもすがる思いでした」。男性は当時の心境を、そう振り返った。

現代の医療では、認知症は、進行が遅くなることはあっても治ることはない病気だとされる。男性に、そうした知識がないわけではない。ただ、信じたくなかったのだろう。

長く連れ添った伴侶への愛情と、周囲に迷惑をかけたくないという責任感ゆえに、「老老介護」の介護者は自分を追い込んでいってしまう。男性は、徘徊中の事故を一番恐れていた。事件の2か月前には、認知症患者が列車にはねられた事故で家族に賠償命令が出た裁判のことも報じられていた。男性は徘徊が怖くて仕方がなく、GPS付きの腕時計を着けさせようとしたが、妻は外してしまった。

それでも、施設には入所させなかった。「大事な家内を捨てるようだ」と感じたからだ。妻が夜に起き出して徘徊しないようにするため、男性は熟睡できなくなった。動悸《どうき》も頻繁になっていた。「私は、ついにあきらめてしまったんです……」。男性はそうつぶやいた。そして、事件のことを語り始めた。


直接のきっかけとなる出来事は、2013年に入ってから起きた。

寝床の妻が夜中に目を覚まし、障子戸の破れをじっと見つめていた。「誰かがのぞいている」。男性は「大丈夫」と言って寝かせようとした。しかし、妻は障子を指さし、繰り返した。「おる。蛇がおる」。

妻を安心させようと、暗闇で障子を張り替えながら、男性は独り泣いた。「こんな思いは子どもにはさせられん。2人で死のう」。そう思い詰めた。

同年秋のその月曜日は、妻がデイサービスに行く日だった。

朝から、妻は男性を困らせる行動を繰り返した。朝食のどら焼きを麦茶の入ったコップに投げ入れ、デイサービスのために履かせた靴下を脱ぎ捨てた。着替えを入れたカバンの中身も引っ張り出した。施設の職員が迎えに来るまでに準備が終わらず、男性は「後で連れて行きますから」と言って、職員に引き返してもらった。

「もうだめだ」。そう思ってからの男性の記憶はあいまいだ。午前９時30分頃、車に乗せた妻を金槌で殴り、妻が玄関に逃げ込むと、下駄箱に入っていたグラウンドゴルフのクラブでさらに殴った。首に電気コードを巻き付け、体が動かなくなると窒息死したものと思い込み、独りで車に乗り込んで排ガスのホースをくわえた。

洋裁が得意だった妻の裁縫箱には、色とりどりのボタンがぎっしり詰まっている。男性（後方）は「孫に着せる服などをたくさん作っていた妻が、認知症になった時はショックだった」と振り返った

男性の命を救ったのは、皮肉にも、介護に疲れて頼むようになっていた弁当の宅配業者だった。午後１時30分頃、車内にいた男性を見つけて救出し、１１９番通報した。

認知症の診断から、７年がたっていた。かつて、妻が丁寧に手入れをしていた庭先には、秋も立派なアサガオが咲くようになっていた。

車内から救出された男性は、殺人未遂罪で起訴された。

地裁の公判は裁判員裁判で行われ、弁護人は、男性が凶器のクラブを大きくは振りかぶらなかったこと、その場に倒れた妻にタオルとジャンパーをかけたことなどを指摘して、「残酷なことはできなかったし、まだ愛情を持っていたことを示している」と裁判員らに訴えた。

事件から半年後、判決が言い渡された。

〈献身的な介護で疲弊し、認知症に回復の見込みもない絶望感から心中を決意した経緯には酌むべきものがある〉

〈施設入所に抵抗を感じたことや、介護の負担を息子らに負わせたくないと一人で悩みを抱え込んだ心情を考慮すると、強く非難できない〉

執行猶予付きの有罪判決だった。

記者は、男性とは40年来の知り合いだという近所の女性にも取材した。一緒にグラウンドゴルフを楽しんでいたといい、昔を思い出して、「おしどり夫婦でした。買い物も散歩も、いつも夫婦連れ立って歩いていた」と懐かしんだ。

事件の1、2年前から、男性が「介護が大変だけん」と言い、グラウンドゴルフにぱったり来なくなった。ただ、端から見る分には男性は元気そうだったという。「愚痴らしい愚痴は全然言わなかった。それほど追い詰められていたなら、一言でも言ってくれれば、何かできることはあったかもしれないのに」。女性は、そう残念がる。

「疲れ切って不整脈が何度も出て、自分が隣で死んだら家内はどうするだろうか、と想像したら、もう死ぬしかないと思ったんです」

２０１６年９月の取材で、男性は、なぜ無理心中へ至ってしまったのかを改めて自らに問いかけているようだった。「若ければそういうことはないと思うんです、また立ち上がれるから。でも、年を取るとそうはいかん。人生山あり谷ありと言うけども、山から谷底に転げ落ちて、決してはい上がれない谷底をふらふらつまずきながら歩いて行くような心境だったですね。望みも、楽しみも、希望も、ない。絶望感しかなかった」。

男性は、孫くらいの年頃の記者に対し、どうか理解してほしいという口ぶりで語った。

事件後、検事から、「息子に頼れなかったのか」と言われたこともあった。しかし、「子どもに、このつらい思いはさせられん。子どもの家庭にひびを入れるわけにはいかん」との一心だったという。誰にも頼るわけにはいかなかった――。その強い気持ちに嘘はなさそうだった。

事件後、施設に入っている妻が、「楽しそうに歌うこともある」と息子から聞くと、自分の介護は間違っていたのかと悔やむ気持ちがこみ上げる。妻のいない生活に、寂しさも募る。だが、事件から5年が過ぎても、「会うと涙が止まらないような気がする」からと、妻には会えないでいるという。

記者は、約2か月後の11月にも、再取材のため男性を訪ねた。しかし、玄関から顔を出した男性は、前とは明らかに表情が違っていた。

顔色も青白く、表情に生気がない。「あなたに話をした後から事件を思い出して眠れなくなった。自分はもっと強い人間だと思っていたが、そうじゃなかった」。取材には応じてくれたものの、「長く生きるのは嫌ですね」と何度も言った。介護殺人を少しでも減らしたいという連載の趣旨に共感したからこそ、無理をして取材に答えてくれているのだと思うと、胸が痛んだ。

「楽しい時間はないですか」と聞くと、男性は思い出したように「孫と会う時ぐらいですかね」と一瞬、笑顔になった。部屋に飾られた自分の似顔絵を見せてくれた。幼い文字で「じいちゃん大好き」と書かれていた。少し救われた気がした。

2度にわたる取材の後、記者は電車を乗り継ぎ、事件現場となった当時の男性宅の付近を歩いた。田んぼに水を引く用水路があちこちにあり、ひとたび足を踏み外せば転落してしまうだろう。大きな川、線路、車通りの激しい幹線道路……。妻が危険な目に遭わないよう、真後ろを歩いていた男性の姿が目に浮かんだ。

同じ道を、男性と妻は、かつては仲良く寄り添って散歩していたのだ。妻が事件後に入所した施設も近くにあるという。男性はいつか、ここまで足を運べるだろうか。その時、笑顔になれるだろうか。そんなことを思った。

◆

２０１６年12月に始まった連載第1部「介護の果て」では、その第1回で男性について取り上げた。その後のことを、簡単に記しておきたい。

記者は２０１８年に男性と2度、手紙のやりとりをした。近況を詳しく記した便箋の文字は、相変わらず律義な男性の人柄をうかがわせた。

妻には今も、会う決心がつかないままだという。ただ、手紙には、心が揺れつつも面会に前向きと受け取れる心情もつづられていた。〈先のことはわかりません。息子達と会いに行く事があるかもしれないし、私の方が先に逝くかもわかりません。この件はどうなるかむつかしい〉

そして、こう続けていた。

〈次男の地元の大学の合格発表がＴＶで放送された時、妻と二人でドキドキしながら見ていて、画面に名前が出た時、抱き合っていつ迄も部屋の中でとびはねたことが、一番の想い出でしょうか。そして、夜中の夢の中にいつも笑顔で横に居るのです。想い出は、これで十分かと思います〉

なぜ、高齢者介護を巡る事件は、後を絶たないのか。

世界に例を見ないスピードで高齢化が進行する日本。高齢者人口が21％以上の「超高齢社会」となって、すでに10年以上が過ぎた。

「高齢者の介護は家族が行うもの」という伝統的な考え方では立ちゆかなくなり、介護保険制度が始まったのは２０００年だ。介護の担い手を家族から公的サービスという「社会」に転換する試みだった。

しかし、現実には、費用の問題に加え、「家族が面倒を見るべきだ」という古い価値観に縛られ、必要な質と量のサービスを利用できないケースが少なくない。介護する家族の負担が積み重なり、限界を超えたとき、妻や夫、親を殺害するという最悪の事態が起きてしまう。

その実態を把握しようと、読売新聞では、２０１３年1月から3年8か月の間に全国で発生した「介護殺人・心中（未遂含む）」を、裁判資料などを基に調べた。その結果、全国で少なくとも１７９件が発生し、計１８９人が死亡していた。ほぼ1週間に1件のペースで事件が起きていたことになる。高齢の夫婦が「老老介護」の末に悲劇に至る例が多く、70歳以上の夫婦間で事件が起きたケースが全体の4割を占めた。

１７９件の内訳は、殺人85件、殺人未遂25件、傷害などによる致死22件、心中33件など。加害者１７９人の中で70歳以上は87人（49％）にも上り、高齢の介護者は深刻な介護疲れに陥りやすいことがうかがえる。また、加害者のうち１２６人（70％）が男性で、家事に慣れない男性の方が思い詰めやすい傾向も示された。

一方で、被害者に認知症の症状が確認できた事件は71件（40％）で、食事や排泄の介助などによる体力的な負担に加え、徘徊や幻覚、暴言などで疲弊した末に犯行に及んだケースが目立った。

また、179件のうち、家族の中で主に誰が介護をしていたかが特定できた123件のうち85％で、加害者が1人で介護を担っていた。

こうした孤立は、家族形態の変化に伴って深刻化の一途をたどっている。終戦直後は祖父母、父母、子どもからなる3世代家族が約4割を占めていたのに対し、現在は1割未満に過ぎず、1世帯の構成員は平均約5人から半分程度になった。子育てを祖父母がサポートしたり、親の介護をきょうだい同士で分担したりすることは今の社会では難しくなりつつある。

介護が必要な人はこの10年間で1・5倍に上る600万人超となり、今後も増え続けるのは確実だ。

介護殺人の事例研究を長年行う湯原悦子・日本福祉大教授は、この調査結果について、「高齢になるほど体力が落ち、介護で追い詰められるリスクが高い。対策を取らなければ、同様の事件がさらに増える」と指摘する。その上で、「従来の日本の介護者支援は『要介護者』のためだったが、事件防止には介護者自身にも目を向け、介護者を支える視点で予算や人員を割くことが求められる」と警鐘を鳴らしている。

メモ

厚生労働省によると、65歳以上の認知症の人は約462万人（2012年時点）で、7人に1人もの割合に上る。2025年には約700万人に増えると推定されている。

「認知症の人と家族の会」（京都市）の高見国生代表理事は、「認知症がどんな病気かを理解しなければ、介護をする人もされる人も、ストレスがたまる悪循環に陥りがちになる。介護者同士で交流したり、介護経験者に相談したりして、病気への対応を知ることが効果的だ」と話す。

「疲れました」――承諾殺人

日本海に注ぐ川を見下ろす高台の墓地。70歳代の男性はここに3年前から通い続けている。1歳年下だった妻の名を刻んだ墓石の周りで、雑草を丁寧に抜く。「のどが渇かないように」と持ってきたペットボトルを供え、手を合わせて頭を下げる。

ボトルの中身を必ず、自宅で入れたお茶に詰め替えているのは理由がある。「家のお茶は、愛情が入っている」と思うからだ。

かつて寝たきりだった妻に水分を摂らせようと、夜中も繰り返し起きて、このお茶をチューブで飲ませていた。だが、ある日、妻から「お茶とってきて」と言われたのに、体が疲れて動かず、断ってしまった。妻は「うん」とあきらめてくれたが、男性はその時、妻を助けられない自分を激しく責めた。「かわいそうなことをしてしまった」と。

事件はそれからほどなくして起きたのだった。

「はよ帰って来て。なんかおかしい」

警備の仕事中だった男性に、妻から電話があったのは、事件の1年前の冬だ。帰宅すると妻は足取りがふらつき、病院の診断は「脳卒中」だった。妻は手術を受けたが、下半身マヒとなり、自力で歩くことはできなくなった。医師には「もう治りません」と告げられた。

過酷な介護が始まった。車椅子の乗り降りのたびに手助けした。夜は介護ベッドの横に布団を敷いて妻の体を数時間おきに動かし、お茶を飲ませた。妻の容体が気になり、午前3時くらいまでうとうとするが、その後は眠れない日々が続いた。疲れは、少しずつ積み重なっていった。

2階には息子家族も同居していたが、育ち盛りの子どもたちを抱える夫婦に、「しんどい」とはどうしても言えない。車椅子で移動できるよう家を改装してくれただけで、感謝しなければと考えていたし、妻の気持ちも同じだった。

「生きていても意味がない」。再び冬が巡ってくると、妻はそうこぼした。気分転換に街に出ようと誘っても、「行きとうない」と嫌がり、家に閉じこもった。ずっと元気な妻だっただけに、車椅子姿を知り合いに見られたくないという気持ちは、男性にもよく分かった。

食事にもだんだん手をつけなくなった。一度、男性の作ったワカメおにぎりを「おいしい」と言って食べてくれたが、それも続かず、みるみるやせていった。

男性も不眠に苦しんだ。体重が30キロ余りに減っていた妻さえ車椅子に乗せられず、地面に落としてしまうほど体がふらつくようになっていた。「もう、これはあかん」。妻が入所できる施設を探し、「入ったら気分良くなるかもしらんぞ」と勧めたが、妻は「施設には入りたくない」と断った。生まれ育った家を離れたくないようだった。

事件の前の晩、妻が携帯電話を指でいじっていた。「何してんのや」。のぞき込むと文字が見えた。

〈2人は疲れました〉

男性は、以前から考えていた死に方を実行に移すと決めた。電動のベッドに結び付けたひもを2人の首に巻き、リモコンで背もたれを起こせば――。

翌日、家族が寝静まると、夫婦は最後の言葉を交わした。「いくよ」「うん」。スイッチを押した。

突然、呼吸が楽になった。男性側のひもだけが切れたのだ。「しもた」――。はっとして横を見ると、妻はすでに息絶えていた。息子を懸命に呼びながら、まだ温かい体を抱き寄せた。

おとなしい、いつも夫の一歩後ろに身を引いているような、でも芯の強い女性だった。見合い結婚し、工場勤めの夫の収入を補おうと、自宅で書店やクリーニング店を切り盛りした。男性の勤務は3交代制と不規則で、子どもの世話は妻に任せっきりだった。男性は苦労をかけてばかりの妻に心から感謝し、不満を言ったことは一度もなかった。

年2、3回の家族旅行の前、旅行好きの妻は「お父さん、どこに行こう」と楽しそうに行き先を選んだ。長野に京都、広島……。「運転はお願いね」と言われ、いつも男性が軽自動車のハンドルを握った。日々の生活で妻に苦労をかけているからと、喜んで引き受けた。

男性が40歳代半ばで始めたランニングも、「毎日走らなあかん」と応援してくれた。最初は近所の運動公園を走っていたが、「大会、いっぺん出てみたら」と後押ししてくれたのも妻だった。それから何度も出場したマラソン大会にもついてきて、声援を送ってくれた。52歳で「3時間9分」

の記録は、2人の誇りだった。

男性は定年退職後も、丈夫な体を生かして警備員として働き続けた。妻は地域のコーラスグループへの参加を楽しんだ。60歳代半ばまでは2人とも、健康で心配なことは何もなかったのだ。

「施設に入るくらいなら、ここで死ぬ」。そう言って家族と離れるのを拒み続けた妻が、本当にそうなってしまった。

「俺、いけなんだ。ごめん……」。動かなくなった妻に、ひたすら謝り続けた。死なせてしまったこと、自分は死ねなかったことを。

通報で駆けつけた警察官から「もういいでしょう」と引き離されるまで、男性は妻にしがみつき、泣き続けた。


「数日間は涙が止まらず、謝り続けていた」。弁護人を務めた男性弁護士は逮捕後の面会をそう振り返る。

逮捕容疑は殺人だったが、妻の同意があったとして、法定刑の軽い承諾殺人罪で起訴された。検察官は論告で、男性が周囲に助けを求めなかったことを厳しく指摘し、実刑を求刑した。

「被告人は本件犯行当時、長男夫婦と同居し、相談相手として適切な人物が複数存在していた。仮に被告人がこれらの人物に相談することさえしていれば、被害者を入院させる、あるいは施設に入所させるなどの方策をとることができ、本件犯行に及ぶことを未然に防ぐことができたと考えられる」

その一方で検察官は、「被告人は献身的に介護を行ってきた」とも述べた。判決も、犯行について「短絡的であったとの非難を免れない」としつつ、「長年連れ添った病身の妻をふびんに思うとともに、介護による自身の疲れで犯行に及んだ心境には同情すべきものがある」と言及し、執行猶予を付けた。

弁護士によると、証人出廷した息子は、両親の異変に気づけなかったことを悔やんでいたという。男性は自宅に戻り、妻が息を引き取った介護ベッドを片づけ、今も同じ寝室で寝ている。2016年10月、記者が訪ねると、その自宅で取材に応じた。

男性の自宅から車で15分の場所にある妻の墓。記者が訪れたときもペットボトルが供えられ、雑草が生い茂る墓地でひときわきれいに手入れされていた

「なぜ周りに相談しなかったのかと皆が言うけど、介護がつらいからこそ、手伝えなんて息子たちには言えなかった」。そう話し、何度も力無く首を振った。

ランニングを再開した男性は思う。毎日朝晩仏壇に手を合わせ、できるだけ長く健康を保ち、誰にも迷惑をかけないようにしよう。

今の自分にできるのは、それだけだと。

メモ

国民生活基礎調査（2013年）によると、60歳以上同士で介護している家庭は全体の69％。高齢者同士の介護では、介護者自身が体調を崩すケースも多い。
「がんばらない介護」を提唱する元高齢者施設長の野原すみれさんは「特に男性は介護の苦労を人に言うのを『恥』と考え、頑張ってしまいがちだが、体調が悪くなるまで1人で抱え込んではいけない。思い切って他人や公的サービスに頼ってほしい」と話している。

義母と夫への献身が報われず

「介護も食事も嫁がやるのが当たり前という感じで、何も感謝をしてもらえませんでした」

２０１６年10月21日、東京・小菅の東京拘置所の面会室。訪れた記者の前に、ピンクの部屋着で座った小柄な女性（68）は、事件の経緯を語り始めた。自らの裁判員裁判の判決が、３日後に東京地裁で予定されていた。

同年２月、都内の自宅で当時の夫（69）と無理心中しようと考え、寝室に火をつけた。現住建造物等放火と殺人未遂の罪に問われ、検察は懲役５年を求刑した。

「事件は本当に申し訳ない。でも一言、夫から気づかいの言葉があれば……」。女性を追い詰めたのは、長年の「ダブル介護」だった。


女性は、東海地方の貧しい農家で生まれた。両親は農作業に追われ、家事は子どもがするものだった。東京に出るとデパートで働き、「合コン」で知り合った男性と交際した。それから山あり谷ありの人生を送って、その男性と50歳で結婚した。

義母との３人暮らし。その義母はすでに認知症が始まっていて、結婚すれば介護するのは自分だと覚悟していた。症状は見る間に進み、一日に何度も「今日は散歩に行ってない」と徘徊を繰り返すようになった。

3年後、夫が脳梗塞で倒れて徐々に右足が動かなくなり、義母も寝たきりになった。過酷なダブル介護だった。朝6時に起床し、まず2人の排泄の世話をする。女性は体重44キロの体で、85キロもある夫を2階の寝室から1階の居間に降ろさないといけない。肩をかついで支え、夫の足を片方ずつ動かして階段を降りた。朝食のトーストとスープ、ヨーグルトを食べさせると、午後は高齢者施設の清掃などのパートだ。午後2時から4時まで働いて帰宅すると、夕食の準備をし、2人を風呂に入れる――。寝られるのは未明の1時頃という日々が続いた。

女性は家事をしながら眠り込み、気づくと台所の床で朝を迎えていたこともあった。ほかの親族が協力してくれることはなく、夫は「お前がやっていればいいんだ」と当然のように言った。体が不自由になってからはストレスをため込んでいたのか、何かにつけ妻に当たり散らすようになっていた。義母を施設に入れることも、デイケアを利用させることも、夫は「金がかかる」と反対した。

そんな生活でも、うれしかったのは、認知症の義母が寝る間際に言ってくれる「ありがとう」「明日も頼むね」という言葉だった。

「よく介護してもらったことで、風邪もひかず、体重も減らなかった」。義母のケアマネジャーだった男性は、女性の献身ぶりをそう評価する。自分の家族だけでなく、近所の人の介護の手助けまでした。近くに住む主婦は、女性がトイレで動けなくなったお年寄りの家に駆けつけ、介助した時の手際のよさが忘れられない。

それでも夫は、「お茶がぬるい」などと細かいことでつらく当たった。女性は地元の地域包括支援センターにも相談した。しかし、担当者は「あなたは嫁さんで他人なわけだし、そんなに嫌なら家を出ればいい」と冷たかった。義母のことは好きだから、見捨てるわけにはいかないのに。「誰も分かってくれないんだ」という思いにとらわれた。

次第に眠れなくなり、精神安定剤や睡眠薬に頼った。安らぐのは介護の合間に般若心経を読む時だけだった。「もう死んじゃいたいな」とも考えるようになっていた。

女性は、事件の夜に夫との間で起きた三つの出来事を、直接の「引き金」に挙げる。

一つ目は、夕食のカキフライを「なんでいつも作っているのにこんなにまずいんだ」と怒られたこと。

二つ目は、風呂場で夫の髪や体を洗っていたら、洗い方が悪いと言われ、頭をたたかれたこと。

三つ目は、未明に家事を終えて寝室に行くと真っ暗だったこと。先に寝る夫は、いつもは電灯をつけていて、「これがこの人の優しさなのかな」と思っていたのに。

存在を否定されたように感じた。「何もかも壊してしまおう」と思った。

納戸からタンクを取り出し、灯油を夫の布団の周りにまいた。火をつけたろうそくをそばに立て、自分も隣の布団に潜り込んだ。

もうろうとした意識の中で、周りが明るくなり、夫が声を上げたのを覚えている。壁や天井が燃え、消防隊が消し止めて女性と義母は無事だったが、夫は約5か月の火傷を負った。女性は逮捕され、夫側の求めで離婚した。

「介護を一人に任せないでください。私みたいな人をこれ以上出さないでください。地域の皆さんで力を合わせて、地域のおじいさんやおばあさんはどうしているかな、と見に行ってください……」。同年10月14日、地裁で被告人質問に臨んだ女性は裁判員らを前に涙を流した。

放火と殺人未遂の罪で起訴された被告に対し、法廷の空気は厳しかった。近隣に延焼すれば多数の人命を脅かしかねない放火は、重い刑になることが多い。裁判長は質問の最後、「重大さを分かっているのか」と問いつめた。

そして24日。判決の主文は、「懲役3年、執行猶予5年」だった。

裁判長は判決理由で、犯行の背景と動機を次のように認定した。

「被告の人生は2人の介護にそのほとんどが費やされ、被告なりに懸命に努力していた。ところが、事件前日、介護による疲れの中で、被害者から怒られるなどし、自らの存在・努力を否定されたと思い、いつまでこんな生活が続くか分からないし死にたい、自分が死んだ後に被害者だけ残すのはいたたまれないなどと考え、犯行に及んだ」

判決は、放火という危険な犯行であることなどを踏まえ、「ただちに執行猶予にすべき事案とはいえない」とも述べたが、その一方で、女性に有利な事情として元夫の心情に言及した。地裁が入院先で証人尋問を行った際、元夫は、事件の夜の出来事について女性と一部食い違う証言をしつつも、「釈放してやってほしい」と話していたからだ。

尋問に立ち会った50歳代の元裁判員の男性は、取材に対し、「(元夫は）妻への態度は自分が悪かったと反省していた」と振り返る。

判決の2日後、拘置所を出た女性は、病院へ向かった。元夫に謝罪すると、「もっと理解してあげれば良かった。お前の人生を台無しにしてごめん」と謝ってくれた。少し救われた気がした。

その後すぐ、東海地方の街のアパートで一人暮らしを始めた女性に、記者はこれからどうするのかと聞いた。

「介護の仕事をしようかな」。自身を振り返り、「追い詰められている人を一人にしたくない」と思うからだという。


判決から1年半が過ぎた2018年5月、記者は女性を訪ねた。取材後も続いた手紙のやりとりで、近所の介護施設で洗濯や掃除のパートをしていること、住んでいる団地の棟の自治会長に選ばれたことなどを知らされていた。

古びた団地の2階に上がり、呼び鈴を押すと、元気な返事が聞こえた。髪を短くし、少しだけふくよかになったように見える。室内には家具がほとんどなく、ラジオの音が小さく流れていた。

「今は仕事が楽しい」。この日は休みだという女性は笑顔で話し始めた。求人広告で見つけた介護

取材に応じ、介護の合間に読んでいた般若心経を手にする女性。拘置所でも写経をしていたという

施設での仕事は、食器洗いやシーツの洗濯、入所者の水分補給のための湯沸かし、共有スペースの窓ふきなど。平日は午前9時から働き、夕方、帰宅する頃にはくたくたになるが、「忙しい方が、過去を思い悩まずに済む」という。

利用者とは掃除の際にすれ違うくらい。それでも、「みんな私をかわいがってくれる」といい、話し相手にもなる。気がかりなのは、家族がほとんど会いに来ず、寂しそうにしている人がいることだ。女性は、自身の経験から、家族が追い詰められるまで無理をして自宅で介護する必要はないと考えているが、預けっぱなしにする家族にも首をかしげてしまう。自宅でも施設でも、介護する側もされる側も、家族の思いやりのない対応が一番、本人をつらくさせるのに。

自治会長として近所づきあいをする中にも葛藤はあるという。近所の認知症の高齢男性がたびたび徘徊し、付き添う家族の姿を見かけた。被告人質問で、地域で高齢者を支えてほしいと訴えたが、今の自分にできるのは、「何かあったら言ってください」と声をかけることくらいだ。かつて自身がそうだったように、要介護者がいることを「家の恥」と考える家族に周囲が関わっていくのは、やはり難しいのだと感じる。

それでも女性は「精いっぱい人の役に立ちたい」と前向きに語った。自分に介護が必要な状態になった時のことを考えると不安だが、それまでは少しでも介護の現場で働くことが、償いにもなると思うからだという。

記者が話を聞いている間、女性の携帯電話に介護施設から何度もメールが届いた。利用者の状況を職員にメールで知らせているのだという。「あの人、今日もお風呂に入りたくないと、ごねたのね」。そう言って、ほほえんだ。

介護する人の孤立感を和らげるのは、自分が役に立てているのだという実感と周囲のねぎらいなのだろう。女性の笑顔は、そのことを物語っているように見えた。

メモ

「NPO法人介護者サポートネットワークセンター・アラジン」の2010年の調査によると、介護者の5人に1人が、複数の家族らを世話する「多重介護」の状態にある。同法人は「介護者自身にもケアが必要で、同じ境遇の人などに自分の気持ちを話してみることが大切。困ったら地域包括支援センターなどに気軽に相談してほしい」とアドバイスしている。

母のため離職も、小言繰り返され逆上

「親が年老い、介護のことを考えなければならなくなった時、仕事との兼ね合いが問題になります」

２０１５年秋、河島多恵弁護士（37）は東海地方の地裁の法廷で、傷害致死罪に問われた50歳代の男性被告の弁護人として最終弁論に臨んだ。初めて経験する介護絡みの刑事裁判だった。

事実関係は争いようがない。

同年5月の夜、男性が深夜から始まるファミリーレストランのパートに出る前に自宅でテレビを見ていると、もうすぐ90歳になる母親が「働く時間帯がおかしい」と言った。「しょうがないでしょう」と反論しても、「前の仕事に戻れないのか」などと小言はやまなかった。

週の始めから続く早朝・夜勤の不規則な仕事で疲れがたまった木曜日だった。この日も午前5時から5時間の早朝勤務を終えた後、深夜0時からの勤務を控えていた。男性が受け流そうとあいまいな返事をしても、母親の小言は15分を超えて繰り返し続いた。「前の会社には戻れないんだよ」。反論する声は熱を帯び、徐々に頭に血が上っていくのを自覚しながら、男性は体が動くのを抑えきれなかった。気づいたら、母親の頭を平手で2回たたいていた。

その衝撃で母親は転倒した。男性は、とっさに助け起こそうと手を差しのべたが、母親ににらみ

つけられ、引っ込めた。自力で部屋に戻った母親は約1時間後、うめき声を上げた。男性の119番で搬送され、4日後に硬膜下血腫で死亡した。

親子げんかの末の悲劇とも見える。だが、河島弁護士は、事件の背景を裁判員らに伝えたかった。前年の「介護離職」のことだ。

2014年夏。地元のスーパーで正社員として勤めていた男性は、商品倉庫の脇の会議室で店長と向き合っていた。

「母の介護が必要なので出社時間を遅らせてもらえませんか」

普段の出社は朝6〜7時。食品売り場の担当として開店準備から夜の閉店まで勤務していたが、数日前に母親が転んで足を傷めた。医師からは「治るとしても3か月から半年はかかる。車椅子生活になるかもしれない」と告げられた。父親はすでに亡くなり、妻とは離婚している。20歳代の息子2人は就職したばかりで、介助は任せられない。勤務時間の変更を渋る店長に、「給料が減ってもいい」と食い下がった。

その約30年前に県外の大学を卒業した際、両親はすでに60歳前後の年齢で、「いずれ親の面倒を見なければならない」と考えて郷里に戻った。就職先に選んだのは、「地元密着」が売りのスーパーチェーンで、家族的な経営に好感が持てたのが理由だった。同僚だった店員は男性について「不器用な面はあったが、仕事ぶりは真面目だった」と振り返る。

店長との話し合いはつかず、男性は退職した。「母親に介護が必要なら、やむを得ない」。男性は自分にそう言い聞かせた。

介護はうまくいった。家事を引き受け、車で病院や買い物の送迎もしたことで、約3か月後、母親は自分で動き回れるまでに回復した。男性は再就職しようと、食品関連の会社などの採用試験を8社ほど受けた。

しかし、面接では「残業は大丈夫ですか?」と聞かれ、母親の状態次第では遅い時間までの残業は難しいかもしれないと伝えると、相手が興味を失うのが伝わってきた。「介護はどうするの」とも言われた。結果はすべて「不採用」だった。50歳代で、しかも親の介護を抱えた身で再び正社員になることが、いかに難しいかを思い知った。

代わりに始めたのが、深夜・早朝のファミレスでのウェーターだ。月収は以前の半分以下の10万~15万円。昼のドライブインでもパートをした。慣れない深夜の仕事に疲労がたまった。翌日の仕事まで時間がない時は車の中で仮眠を取ることもあった。

男性は、米や野菜を作る兼業農家で育ち、母親は子どもの頃からしつけに厳しかった。その母親は、在宅時間が不規則になった男性に対し、「変な働き方をしている」「遊んでいるとしか見えない」と繰り返した。転職して給料が減ったことで十分な生活費を稼いでいないことへの不満もたびたび口にしていた。

正社員になれない焦り。「母親のために退職したのに」という鬱積《うっせき》した思い。それが事件で爆発した。

「自分が別の仕事をしたいから辞めるのと、介護しなくてはならないから辞めるのとでは気持ちの面で違う。せっかく介護が一段落して働き始めたのに、一日5時間のパートでは自分に納得がいかなかった。そうした焦りが強かった分、無理をして二つのパートを掛け持ちし、疲れて感情的になってしまった」

男性はそう振り返る。

スーパーの運営会社は、退職に関する男性の説明について「会社とは少し解釈が異なるが、違うと言うつもりもない」とする。

「介護離職は社会問題です。男性は仕事や介護のことを一人で抱え込んだ」。弁護側が裁判員らに訴えた翌日、執行猶予付きの有罪判決が言い渡された。裁判長は、転倒の末の死亡という結果を「不幸な偶然によるところも大きい」としたうえで、「安定した就労先を見つけられないことに

取材に応じた男性。かつて勤めたスーパーへの道を運転しながら、「母の小言は無視すれば良かった」と反省を口にした

たびたび小言を言われ、腹を立てたのは理解できる面もある」と述べた。

「介護があるなら辞めてもらうという前に、選択肢はあったはず。会社が短時間勤務などで融通を利かせれば、事件は避けられたのではないか。そういう働き方が認められる社会になれば、介護する人たちの負担は違ってくると思う」。弁護を終えた河島弁護士は、そう思えてならない。

「両方をうまくやるには、どうすれば良かったのだろう」。男性は毎日、仏壇にご飯を供え、母親に謝罪しながら自問するが、答えを見つけられない。もう母親を乗せることはない車のハンドルを握り、求職先の企業を回っている。

メモ

総務省調査では、介護・看護が理由の離職者は2012年までの5年間で約49万人、17年9月までの1年間で約10万人に上っている。実態に詳しい三菱UFJリサーチ&コンサルティングの矢島洋子・主席研究員は「大事なのは辞めないこと。介護が必要になった初期を乗り切れば状況が変わることも多い」と話す。

政府は「介護離職ゼロ」を掲げ、介護休業取得者がいる企業に助成金を支給する制度を16年10月に設けた。17年1月からは、介護者の残業免除の希望に応じることも企業に義務付け、対策を促している。

入所費重く、「在宅」で疲労極限に

久しぶりに好きな小説を開き、時間を気にせず買い物ができた。

東北地方の寒村に住む60歳代の女性は2013年の秋、ほぼ寝たきりだった90歳近い母親を地元の老人保健施設に入所させた。施設はまだ新しく、木々に囲まれていた。

「在宅介護に比べたら、楽だなぁ」。心からの実感だった。

2000年頃、父親が亡くなって一人暮らしになった母親と、女性は一緒に暮らし始めた。「若い頃から夏は農業、冬は工事現場で働きづめだった」という母親との同居は、長女として当然だと思っていた。穏やかな母親と、親子で日々の買い物を楽しむ静かな生活を続けていたが、10年頃に母親が転んで腰の骨を折ってから暮らしぶりは一変した。

食事や入浴を手助けし、排泄で汚れた服を1日に何度も着替えさせる。夜になると母はしきりに空腹を訴え、そのたびにバナナなどを口に運んだ。約4年間のつらい介護の末、女性は不眠に悩み、自殺願望さえ頭をよぎるようになった。デイサービスで利用していた施設に、一時的に預けてみようと決めた。

入所後は、母親が寂しくないよう頻繁に訪ねた。デイサービスの職員は「家では体を動かさなくなるから施設にいた方がいい」と言ってくれたし、女性も自分が笑顔でいられることがうれしかったのだ。

しかし、施設生活は、わずか2か月弱で終わった。

母親の要介護度は「3」と比較的重く、施設からは「入所を続けたいなら空きはある」と伝えられていた。だが、女性と母親の月収は年金など計11万円ほどで、借金のある夫にも頼ることはできず、月約7万円の利用料を支払うめどは立たなかった。

女性は同じ県内に住む妹に資金援助を頼んだが、断られた。妹には介護経験があり、「家での介護は大変だけど、そういうもんだよ」と諭された。

「仕方ない、自分で面倒みるほかないな」。女性は自分にそう言い聞かせた。関東で離れて暮らす別のきょうだいへの援助の申し入れも考えたが、「あちらの家も大変なはず」と思うとためらわれ、電話はかけられなかった。

昼も夜もない介護に引き戻された。排泄の世話に追われ、家中が汚れていた。「介護してはごろん(と倒れる)、を繰り返す生活だった」。常に眠く、気力がわかない。自分の体の状態が徐々に悪化していくのは自覚していたが、「何とかなっている」と、考えないようにした。月に一度家を訪ねてくれるケアマネジャーには、決まって「大丈夫です」と伝えていた。

約8か月後、女性は頭が混乱したような状態になり、言葉が出なくなった。事件前、ケアマネジャーが最後に女性の家を訪ねたのはこの変調の直前だったが、役場の担当課に異変の報告はなかった。

事件は、その約1週間後に起きた。

その日、家に閉じこもって残り物で食いつないでいた女性は、冷蔵庫が空になっていることに気づいた。冷蔵庫を開けて中身を確認するのも怖くなり、「もう嫌だ」と絶望した。夫に「（母親の）首、締めてしまうかも」と言ってみたこともあったが、「監獄行きだぞ」という言葉が返ってきただけ。母親を、殺したいとも憎いともまったく思っていないのに、とにかくこの状況から逃げ出したいという一心だった。

深夜、8畳間で眠る母親の隣で、女性は寝付けなかった。母親の寝息を聞きながら「また明日が来てしまう」と思った。タオルを母親の首に回した。

途中で我に返ってタオルから手を離し、「母親の首を絞めた」と、自ら110番。母親にけがはなかった。殺人未遂容疑で現行犯逮捕され、警察署の留置所に入って1人になると、後悔とともに、「やっと解放された」という感情もこみ上げていた。

国は介護費用の増大を抑えるため、施設より在宅介護を重視する姿勢を打ち出している。安い費用で入所できる特別養護老人ホームの待機者は52万人（13年度）に上る。

「介護する力のない家族が施設にも頼れないと、余計に絶望してしまう」。東海地方でケアマネジャーをしている男性（43）はそう話す。

女性は自宅脇のベンチに座り、在宅介護のつらさを振り返った。母親はよくここで日なたぼっこをしていたという

3年前、「もう限界。父を置いて家を出てきた」という電話を受けた。以前担当していた認知症の60歳代男性の息子からだった。働きながらデイサービスを利用していたが、住宅ローンの返済などで家計が逼迫《ひっぱく》し、サービスを中止していた。

父子二人暮らしの自宅に駆けつけると、異臭が漂い、父親が裸で寝かされていた。命に別条はなかったものの、床ずれの傷は手術が必要なほど悪化していた。

かつて施設入所を勧めたこともあったが、息子は費用を理由に応じなかった。「収入に見合った施設に入れるかは運とタイミング次第だ」。ケアマネジャーはそう嘆く。

東北地方での事件後、女性の母親は施設に入所した。不起訴になった女性は、入所費用を出し合ったきょうだいたちから「負担をかけ過ぎた」と謝られた。役場の担当者は「兆候があれば生活保護の担当につなげたが……」と悔やむ。

女性は、週に１度は施設を訪れる。母親は、事件のことに触れてこない。「私がこんな状態だから、娘にあんな事件を起こさせてしまった」と話していたと、妹から聞いたことがある。帰り際に「もう帰るんだか」としきりに尋ね、握った手を離さない母親の心情を思うと、苦しくなる。

「早くきょうだいたちに相談すれば良かった。介護が必要になってから考えるのでは遅かった」。女性は、今も後悔の念にさいなまれている。

メモ

経済的に苦しい家庭が入所施設を利用するのは難しくなっている。特養ホームは２０１５年４月から、要介護度「1以上」だった新規入所の要件が変更され、「原則3以上」に限定された。有料老人ホームは入居できても月額十数万円〜30万円程度と高額だ。

高野龍昭・東洋大准教授（高齢者福祉）は、「短期間の入所や通所、訪問介護を組み合わせる『小規模多機能型居宅介護』など有効なサービスもあり、活用を検討してほしい。必要なら生活保護の申請をためらうべきではない」と話している。

苦しむ妻の涙声で〝決断〟

介護を巡る事件は、「介護疲れ」によるものとは限らない。長く寄り添ったゆえの愛情から、苦しむ家族の死を手助けし、自分も死のうとする。そんな例が後を絶たない。

コスモスが咲く小道の奥の平屋には表札がなかった。２０１６年10月初め、関東の地方都市にあるその家を記者が訪れると、マスクをした80歳代の男性がガラス戸を開けた。「どなたですか」。玄関に横たえられたコントラバスや、棚に置かれた表札が見えた。

３年前の事件の被告と同じ氏名。病気だった妻の自殺の手助けをしようとして起訴され、裁判で執行猶予付きの有罪判決を受けていた。

取材の趣旨を伝えると、男性は玄関の椅子を記者にすすめ、ぽつり、ぽつりと語り出した。

「介護は楽しかった。嫌だなんて思ったことはなかったんだ」

男性は若い頃、ジャズミュージシャンとして活躍した。演奏を何度も聴きに来た妻に、「きれいな人だな」とひかれた。穏やかで優しいところも好きになり、30歳の頃に結婚した。

それから約30年間は音楽活動で家を空けることも多く、子育てには、なかなか関われなかった。生活は豊かと言えなかったが、妻は文句一つ言わなかった。「あんないい女房いなかった」。男性は繰り返し言った。

生活ががらりと変わったのは今から20年余り前、男性が60歳を過ぎた頃だ。妻がくも膜下出血で右半身が動かなくなり、男性は仕事を辞めて二人暮らしで介護に専念した。妻は数年後に大腸がんも患い、常に排泄の世話が必要になった。

「うらやましいくらい仲が良かった」。近所の女性は、おむつを替える時の２人の笑い声が外まで聞こえてきたのを覚えている。男性は食事をつくり、妻の体を拭いた。介護はもちろん、洗濯や掃除も苦にならなかった。夜、妻がトイレに行きたがったらすぐに気がつくようにと、並べてしいた布団の端を重ね、妻の寝間着の袖を握って眠った。

天気の良い日は、２人並んで縁側に座り、ギターを弾きながら日なたぼっこした。そうしてくつろいでいると、野良猫が寄ってきて、妻の膝の上で抱かれていた。

時には２人で大阪や東京の浅草に行き、海が好きな妻のために、神奈川の江ノ島の海岸も歩いた。花火大会やお祭りも巡った。妻は、電車の車窓からの景色を眺めているだけで楽しそうだった。幸せだった。

だが、妻の病状は確実に進行していた。

入退院を繰り返していた２０１３年春。近くの川の土手は桜が満開だった。妻が元気だった頃は、たこ焼きを買って見に行っていた地元の桜の名所だった。その年は車の窓越しに花見をしたが、助手席の妻は大好きなすしがのどを通らず、舞い散る桜を見て泣いた。翌日も連れて行ったが、同じだった。

その夜に付き添ったトイレで、妻は血を吐いた。痛みが限界に来ていたのだ。初めて「死にたい」という涙声を聞いた。かわいそうで仕方なかった。

「母さんのいない世界に生きていてもしょうがないなあ」。翌朝のことは、はっきりとは覚えていない。妻の体をタオルで拭いた後、家にあったロープを首にかけるのを手伝い、自分も後に続こうとした。ちょうどその時、息子の車が、家の前に止まる音を聞いた。前日に妻の体調悪化を知らせていたため、予定よりも2時間ほど早く、様子を見に来たのだった。

妻は息子の通報で病院に運ばれ、亡くなったが、死因は首が絞まったためではないと判断された。男性には、自殺幇助未遂罪が適用された。

読売新聞の調査で判明した2013年から2016年8月までの3年8か月に起きた「介護殺人・心中（未遂含む）」179件のうち、被害者の意思に基づくとして嘱託殺人や承諾殺人、自殺幇助が適用された事件は23件に上る。介護や看護を受けていた本人が、病苦や将来への悲観から絶望し、家族らに殺害を依頼したケースが多い。介護をしてくれている家族への申し訳なさが、死を望む動機になることも少なくない。

こうした場合、家族も精神的に追い詰められ、孤立感を深めた末に、介護している相手と一緒に命を絶ってしまうことがある。男性のように、たとえ介護そのものを苦と思っていなかったとしても、誰にも相談できぬまま事件に至ってしまう恐れがあるのだ。

「もう、いつ死んでもいい。罪を背負って死ぬのだけは嫌だと思っていた」

最初の取材の時、男性は、執行猶予期間が終わったことに触れ、そう漏らした。「この家なら母さんのそばにいられると思い、なんとか頑張ってきた」とも話した。妻の大きな写真を置き、そのそばで独り食事をしてきたのだという。

事件後、近所との交流はほとんどなくなった。夜になると妻を思い出し、ギターを弾きながら泣くこともたびたびあった。「何のために生きているかわからない」ともこぼした。執行猶予が解けたことで男性が再び自死を選んでしまうことはないか——。記者は心配でならなかった。

その年の12月初め。記者が再訪すると、男性はホットミルクと、スーパーで買った焼き芋を差し出してきた。「母さんは、最期の頃もこれは食べてくれてね」。表情に少しだけ明るさが出てきたように感

男性は妻の思い出を語りながら、動きにくくなった指でギターを弾いた。前に置かれた椅子には、妻がいつも座り、笑顔で聴いていたという

じた。医師の勧めに従い、健康のために体を動かそうと、地元の駅ビルの中を歩いたり、自転車に乗ったりしているという。

男性は、こんな言い方もした。「今死んで、家族に迷惑はかけられない」。

思い出話は、とりとめもなく続いた。

演歌好きの妻に、縁側で美空ひばりを歌って聴かせたこと。

一緒に歌う妻の声が良くて驚いたこと。

そして、今も毎日のように、その姿を夢に見ること。

記者に聴かせようとギターを爪弾いたその指には、特大の結婚指輪が、しっかりとはまっていた。

メモ

高齢者が死を望む動機には、病苦や将来への悲観のほか、介護者への申し訳なさなどがある。国の「自殺総合対策推進センター」（東京）の本橋豊センター長は「自殺願望の強い人の多くはうつ状態にあり、緊急性が高ければ医療機関に相談するのが望ましい。介護者は家族にそうした兆候や発言があった場合、ケアマネジャーなどへのSOSをためらわないことが大事だ」と話している。

「子に迷惑をかけたくない」苦悩の末に

子どもに頼るのはよくない。今の高齢者世代のそうした意識が介護殺人などを誘発している現実がある。２０１６年10月、関東地方の地裁で象徴的な裁判があった。

被告席に、スーツに身を包んだ男性被告（83）がいた。その白髪は薄くなり、細い体からのぞく顔や手には深いしわが刻まれている。10月11日の証人尋問に出廷した被告の長女は、父に訴えかけるように言った。

「私にも子どもがいますし、迷惑をかけたくないという気持ちは分かります。でも私たちに頼る勇気を持ってほしかった」

その年の5月、被告は認知症で寝たきりの妻（当時84歳）の首をロープで絞めるなどして殺害。自分の腹部もナイフで刺していた。

静岡県で生まれ、尋常小学校を卒業後に大阪で働き始めた。上京して測量機器の製作所に就職し、20歳代でお見合い結婚。子ども3人を授かり、家族との生活を送りながら仕事に邁進して、代表取締役にまでなった。

だが、事件の5年前、認知症だった妻が自宅で転倒して骨折し、寝たきり状態になった。被告は自宅での介護を希望したが、介護ができるように自宅をリフォームするのは難しく、夫婦で月額計

30万～40万円の老人ホームに入所して、妻は施設による「全介助」を受けるようになった。

夫婦の年金は月額約30万円、資産も2000万円以上あった。なのに、自身の健康への不安から「自分が先に死んで妻が95歳まで生きたら、入所費が足りなくなる」と悲観し、ホームの自室で無理心中を図ったのだ。

長女の証言によると、事件前、「きょうだい3人で費用は何とかする」と被告を励ましていた。長女はホームにもよく顔を出した。

だが、被告は「心配しなくていい。あんまり来るな」と言うばかりだったという。

内閣府の調査によると、高齢者が介護を頼みたい相手（複数回答）は、1997年には「子ども71％、配偶者53％」だったが、2012年に「配偶者63％、子ども56％」と逆転した。介護について子どもに経済的な援助を期待する人も、調べ始めた08年は11・3％、12年は9・7％と減少傾向だ。

「今の高齢者の世代には介護保険制度が始まる前の時代に、親の介護に大きな犠牲を払った人が多い。同じ思いを子どもにさせたくない気持ちが強い」。野々山久也・甲南大名誉教授（家族社会学）はこう指摘する。

地裁の法廷で、長女は、被告が子どもたちの協力を断る一方、妻の髪をとかしたり、毛布の端を縫ったりしていたと話した。かつては頑固で亭主関白だった被告の姿からは考えられないような優しさだったと明かし、「私の祖母は、次男だった父が引き取り、母がずっと介護した。その苦労への償いをしていたのでしょう」と語った。

長女は、証言の最後では涙を流した。

「母には生きていてほしかった。でも、父だけでも生き残ってくれてよかった。父もいなかったら、無力さを痛感して自分を責めたと思います。父を許してください」

被告はハンカチを目に当て、うつむいた。


老老介護の苦しみや不安を子どもと分け合おうとしないまま、犯行に至ったケースは少なくない。兵庫県加東市では2016年4月、82歳の夫が一人での介護に疲れ、寝たきりだった79歳の妻の首を絞めて殺害。この夫婦の場合も、長女が週に1度は家に来ていた。夫は同年10月の公判で、「子どもたちに介護を手伝わせたくなかった」と述べた。

2011年、東京都江東区で、介護疲れの末に84歳の認知症の母親を殺害し、実刑判決を受けた男性（68）も同じだ。足が不自由な妻の世話もする「ダブル介護」だったのに、それぞれ家庭を持つ息子と娘を頼ろうとしなかった。

この男性は、栃木県内の刑務所で取材に応じ、声を振り絞るように言った。

「あの子たちには嫁も旦那さんも、子どもたちもいる。みんな一生懸命じゃないですか。自分の暮らしに。いい暮らしをしていれば別だけどそうじゃないんだから、そういう（介護の）話なんか持

栃木県内の刑務所で取材に応じた68歳の男性受刑者。子どもたちに助けを求めないまま母親殺害に至った理由を「負担をかけたくなかった」と語った

っていけないよ……」

長女が証言した翌日の10月12日、男性被告は地裁で行われた被告人質問で、「経済面、苦しみ……、長生きするほど問題が出てくると思いました。長女や息子は大丈夫だと言ってくれましたが……」と、涙ながらに事件当時の心境を語った。そして、「できれば迷惑をかけないようにしたい。2人とも死ぬのが本来の姿」とも述べ、死んで謝罪したいという気持ちを明かした。

5日後の判決は厳しかった。資産状況は当面の生活に支障のないものだったこと、長女がホームを頻繁に訪れていたこと、妻の介護は施設職員が行っていたことなどに触れ、「被告の生活や妻の介護の環境は良好だった。将来を悲観した心情は理解できるが、差し迫った状況ではなかった」として、懲役3年の実刑を選択した。

ただ、裁判長は判決後、「裁判員・裁判官から」と前置きして、こんなメッセージを読み上げた。

私たちは、死んでおわびをするというのは正しい責任の取り方ではないと思います。奥さんの命が尊いように、被告の命も尊い。被告は自身の命も大事にすべきだと思います。

お子さんたちもいるわけですから、自分だけで頑張ろうとせず、もっと他人を頼った方がいい。天寿を全うして奥さんの供養をしていってほしいと思います。

被告は深くうなずき、閉廷した。直後の記者会見に臨んだ初老の男性裁判員は、こんな感想を漏らした。

「僕もこれから先、こういうことに直面するんだなと思った。介護は、決して自分１人でやらなきゃいけないと思う必要はないし、家族がいれば家族に相談した方がいい。まだ実感がわかないが、考えていかないといけないと思っています」

「無理しない」法廷で教訓を得た裁判員

「追い詰められてはいけない。無理をするのはよくない」。山口県岩国市の会社員、菊本守さん(37)は、母親(66)を介護する時、自分にそう言い聞かせる。法廷の壇上から見た裁判のことが、頭から離れないからだ。

2009年9月、山口地裁の殺人未遂事件の公判で、補充裁判員を務めた。寝たきりの妻を、13年間介護した末に睡眠不足に陥り、刺殺しようとした60歳代の男性が被告席にいた。

なぜショートステイなどの介護サービスを頼らなかったのかと尋ねられ、「本人が嫌がったし、私が面倒見るしかないと思った……」と声を詰まらせた被告。孤独な介護が悲劇につながるのだと、胸を突かれた。

菊本さん自身は、母子2人の家庭で育った。10歳の頃、母親が心身の病気で入退院を繰り返すようになった。母親が家にいないことも多く、家事も手伝った。「普通の家族がうらやましい。なんで自分だけ……」と思うこともあったが、それでも、できることをやろうと介護に取り組んだ。

就職後も、休日は母親を病院から自宅に連れ帰り、世話をする生活が続いた。つらい時もあった。だから、介護に追い詰められた被告のことは他人事とは思えなかった。その孤立感を想像できた。

菊本さんは、地域の人に救われたことがある。仕事に出ている間に母親が大声を出したのを、近所の住民がおかしいと気づいてくれたのだ。しかし、事件の被告にはそうした助けもなく、自らも年老いていくことに絶望してしまった。

被告には執行猶予付きの判決が言い渡された。

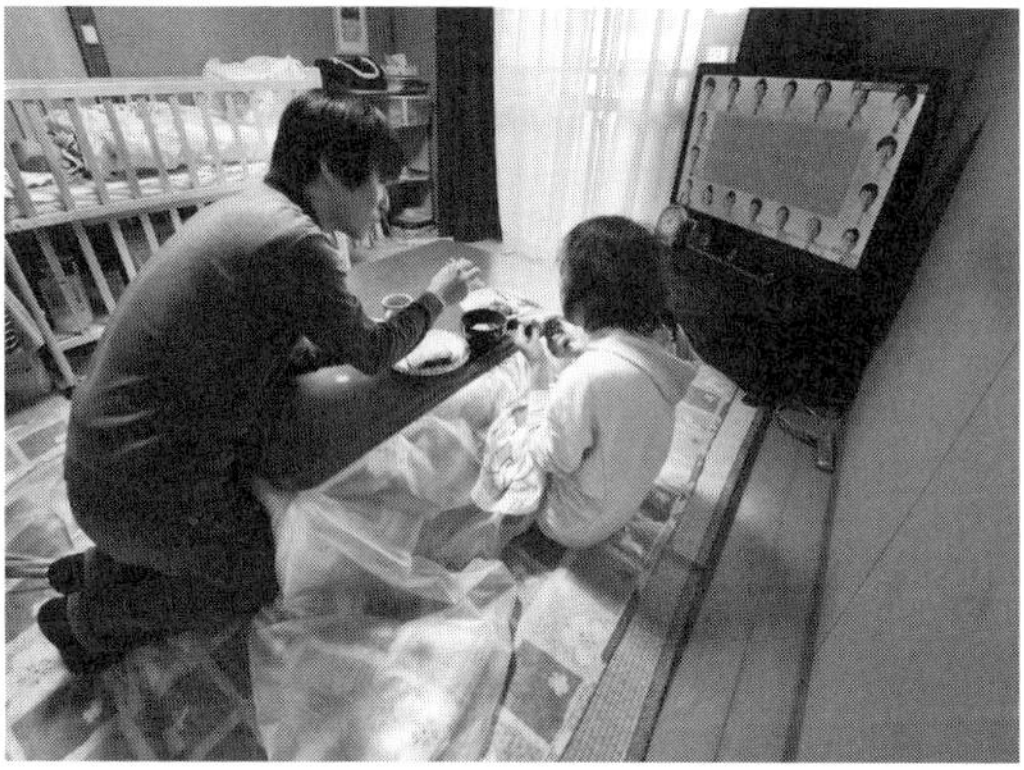

自宅で母親の食事を手伝う菊本守さん。母親は温かいうどんの汁をすすると笑顔を見せた

それ以来、菊本さんは「自分がストレスを抱えていないか気をつけるようにしている」という。妻子と3人で市営住宅で暮らし、平日は深夜まで仕事。休日は、病院から連れて帰った母親の介護に追われる。母親の精神状態はいつも良いわけではなく、機嫌の悪い時もある。一生懸命世話をしていても、報われないと感じてしまうこともある。疲れがたまってきたと自覚すると、後ろめたさを感じつつも、母親の世話を病院に任せる。それが、自分や家族が追い詰められないために、必要なことだと思っているからだ。

記者が取材に訪れた2016年12月上旬の日曜日。自宅に戻っていた母親は、菊本さんが用意した食事をおいしそうに食べた。食事の合間には、部屋の隅に置かれたベビーベッドに歩み寄り、半年前に生まれた菊本さんの長男をあやしていた。

普段、いら立ちがちな母親が、この子には穏やかに接し、笑顔も見せてくれる。そんな姿に接すると、菊本さんは改めて思う。

「母は先の人生に限りがある。大事にしていこう」


裁判員制度は2009年5月に始まった。警察庁の統計では2009〜2015年、介護・看病疲れが動機の殺人（未遂）、傷害致死事件の検挙は約350件に上り、制度施行後に起訴された事件は裁判員裁判で審理されている。

一方、刑事裁判は量刑に必要な範囲の証拠や証人しか採用しないため、介護の実情などを解明するには限界がある。2015年2月、関東地方の地裁で開かれた公判はその一例だ。

50歳代の男性被告は、事件の7年前に認知症になった母親の介護を担い、特に排泄の世話に苦労した末、母親の罵声に激高して母親を殺害した。弁護側は介護の大変さを立証しようと、通っていたデイケアの施設職員の証人尋問を地裁に要望したが、受け入れられなかったという。弁護人は法廷で、「事件を教訓とするには、介護者が問題を抱え込んだ原因を探求すべきだ」とも訴えたが、A4判3枚の判決にそうした言及はなく、実刑が言い渡された。

この男性は2016年に2回、刑務所で取材に応じた。「裁判では聞かれたこと以外はしゃべれない雰囲気だった」と残念がり、「自分みたいな犯罪がもう起こらないように」と言って、事件に至った経緯を計2時間半、語り続けた。

元家裁調査官の藤原正範・鈴鹿医療科学大教授（司法福祉学）はこう指摘する。「裁判で被告の話や介護の専門家の意見を丁寧に聞くことで、予防への視点を見いだすことができれば、裁判員自身や、公的機関の介護問題への関わり方が変わっていく可能性がある」。

裁判員の経験から「老後」を見つめ直した人もいる。

千葉県長生村の会社社長、小高義雄さん(75)は２０１０年3月、千葉地裁で傷害致死事件の裁判員を務めた。50歳代の息子が長年介護した86歳の母親を殴るなどして死なせた事件だった。

食事を2時間がかりで食べさせ、肌を手入れして美容に気をつけてあげていた――。公判で被告のこまやかな介護を知り、裁判員席で懸命に涙をこらえた。

当時１００歳だった小高さんの母親は、義姉が在宅で介護していた。親族の収入で入れることができる施設はなかなか空きが出なかったが、愚痴も言わず、親身に世話を続けた。その義姉への感謝の思いがこみ上げた。

判決は執行猶予が付いた。裁判が終わった後、小高さんは義姉に気持ちを伝えた。「ありがとう」「大変なんですよ、毎日ですから」。そんな会話は初めてだった。

母親は１０３歳で亡くなった。最期は施設で迎え、小高さんも安心して見送った。自分は今後、どうするべきか迷いつつ、「介護が必要になったら、家族のために施設に入ろう」と思うようにもなった。
今は、元気に子どもや孫と一緒に暮らせる幸せをかみしめている。

第2部　親の苦悩

長男の心の病の悪化に絶望して

よく晴れた秋空は、ほぼ無風だった。

2017年秋、男性（81）は、関東で行われたマスターズ陸上大会のトラックに立っていた。スターティングブロックを少しだけ調整し、100メートル先のゴールを見据えてゆっくりと息を吐いた。80代になって、初めてのレースだ。

バン――。号砲とともに勢いよく飛び出すと、小さな歩幅ながらピッチを上げていく。隣のレーンの選手との距離が少しずつ開いていったが、足の回転は落ちない。最後は腕も伸びきり、少し顎も上がったが、その組の2着でゴールラインを通過した。

ベストタイムからはほど遠い記録。男性は記者を見ると、「全然ダメだったね」とはにかんだ。それでも帰り際に銀メダルを授与されると、感慨がこみ上げたようだった。「人生で初めて。もう、こんなのは縁がないと思っていたから」。

長男とかけっこした記憶が、鮮明によみがえっていた。

◆

桜が咲き始めていた8年前の3月。男性は自らの手で息子を殺《あや》めた。

神奈川県の都市近郊にある、緩い坂道のそばの一軒家でのことだ。深夜、男性は当時35歳の長男の寝顔を見つめた。

疲れ切っていた。この夜も2時間以上、失禁して家の中を歩き回った長男の面倒を見た。

「親父さん、介添えしてくれ」――。普段は「お父さん」と呼ぶ息子が、真っ暗な廊下で、そっと、寝間着のズボンをぐっしょり濡らしながらつぶやいていた。同居の妻や娘を起こさないように、そっと、下着と服を着替えさせてやった。精神障害になって16年。長男の病状は、数日前から急激に悪化していた。

日記をつけた。

〈AM1：40　彼の床へ連れ、寝かせた。愛しかった。複雑〉

「今後も再発の可能性がある」。2日前の主治医の言葉が頭から離れなかった。入院させるなら費用は借金するしかない。抵抗する息子を連れて行こうにも、警備会社を呼ぶには10万円単位の費用がかかる。何度考えても、金策は尽きていた。妻や娘をまた苦しめてしまうのが、何よりつらかった。

気がつくと、寝室のタンスから手探りでネクタイを取り出していた。長男が昔、使っていたものだ。上着のポケットに突っ込み、息子の部屋に戻った。

3人きょうだいの末っ子だった長男は、2200グラムの未熟児で生まれた。メーカーで営業をしていた男性は、5歳の頃から息子を自宅前の坂道に連れ出してはプラスチックのバットを振らせ、ボールを投げて熱心に教えた。

高校ではソフトボール部。息子は身長も伸び、力のあるバッターに成長した。

忘れられない試合があったのも桜の頃だった。全国大会で、相手は前年の優勝校。雨が降りしきる中、両校無得点で迎えた三回。息子の打球はライナーで飛び、3点本塁打になった。

当時の公式スコアが、地元の競技団体に残っている。長男の名前が記され、「○○の本塁打で試合をリードした」とある。逆転され、試合は負けた。それでも男性は、幼い頃から坂道で鍛えた息子が放った大飛球が誇らしかった。

高校を卒業すると、飲料メーカーに就職した。職場ではトラブルもなく、真面目に働いた。

ところが、約1年後、変調が始まった。職場の同僚に対する被害妄想から始まり、出社を拒否して錯乱状態になった。

数か月で病院を退院して家に戻ってきたが、妄言や暴力が続いた。物であれ、テレビの画面であれ、とにかく赤や黒い色に反応してしまう。そんな時、長男は窓から物を投げ捨て、力の弱い母親の額に、たばこを押しつけた。

男性は、「刺激したら、また妻に何をされるか分からない」という恐怖心から、長男を怒ることができなかった。火傷を負った妻に対し、「お前が悪いんだぞ」と、あえて長男の前で言うことでしか、長男の気持ちを落ち着かせることはできなかった。２人で自宅そばの畑に停めた車の中に逃げ込んだ時は、外から車体をすさまじい力で揺すられ、生きた心地がしなかった。

重い障害という事実を、男性は受け入れることができなかった。

父子そろってプロ野球の巨人ファンだった。長男は、居間のテレビで野球を見る時は機嫌が良く、巨人が勝てば原辰徳監督をまねて、両親と拳を合わせて「グータッチ」をすることもあった。穏やかな時には、「お父さん、おやすみ」と、甘えるように言うことだってあったのだ。

とりわけ思い出に残っているのが、自宅から車で数分の公園に出かけた際のことだ。病状が安定していた時期だった。男性の提案で、２人でかけっこをした。距離にして50メートルくらいだっただろうか。

結果は、少しの差で男性の勝ちだった。もともと体格の良かった長男は、ひきこもりがちな生活が続いたこともあり、高校時代に比べて体重が数十キログラム増えていたのだ。それでも、長男は楽しんだように見えた。病気になってからは数少ない、親子の交流だった。

「きっと穏やかな息子に戻る」。そう信じて疑わなかった。

「家庭のことは何も言わなかった。一人で抱え込んでしまったのだろう」

男性と親しかった当時の自治会長（74）は振り返る。

男性は自治会の防犯担当の役員として、地域の街灯をこまめに点検して回っていたという。早朝から活動を始め、愚痴もこぼさずに、黙々とパトロールに精を出していた。そんな姿に自治会長は、「熱心な人だな」と感じていた。

２０１０年の3月下旬。事件の数日前に、症状の悪化は始まった。

長男は突然、大声で叫んで家中の壁や扉を壊し、外に飛び出して通行する車を止めた。本人は「交通整理」のつもりだったようだ。自宅前の道路は渋滞し、警察が来た。

警察が来たことは、それまでにも何度もあった。男性は長男が暴れるたびに警察を呼び、保護を訴えた。ところが、警察が来ると長男は落ち着きを取り戻し、処方された薬をおとなしく服用した。そのため、「保護してほしい」という男性の願いは、いつもかなうことがなかったのだ。

長く通院を続け、薬を服用してきたことで、病状は安定していると男性は思っていた。突然の悪化に戸惑った。「治るんですか……」。主治医に聞くと、今後も再発する可能性を告げられた。

長年の介護で、経済的にも限界が来ていた。

〈不治の病。人生の終焉を息子と共にしたい〉。日記にそう記し、妻や同居の娘に無理心中をほのめかした。この時期は、長男の姉に当たる娘と、その子どもたちも同居していた。

「ダメだよ。頑張ろうよ」と娘に言われ、いったんは思いとどまった。だが、その翌日にも、男性はやはり日記にこうつづった。

〈私なりに熟慮し、息子を連れていきます〉

それを発見した長女は、また男性に声をかけた。「変なこと考えないで」。孫にもこう言われた。「おじいちゃん、僕もいるから、一緒に頑張っていこうよ」。男性は「そうだな。おじいちゃん、頑張るよ」と応じるのが精いっぱいだった。


長男が失禁したのは、その夜だった。この子は病気のせいで暴れたり、外に出て人に迷惑をかけたりするようになってしまっている。かわいそうだった。妻の体調も思わしくない。もし自分が死んだら、どうしたらいいのか――。

「息子と家族を救うには、自分が責任を取るしかない。自分一人が悪者になれば良い」

決心すると、ネクタイを長男の首に回していた。拳を振り上げて抵抗してきたが、約6分間、力を込め続けた。後遺症でさらに苦しめたくはなかった。長男が動かなくなると、その場で自ら110番通報し、自首した。

事件がテレビのニュースで報道されると、男性宅前に報道陣が集まってきた。その様子に驚いて駆けつけた自治会長は、長男が壊した物が散乱した室内を見て、茫然とした。

「たとえ相談されたとしても、自分に何ができただろうか」。立ちつくすしかなかった。

殺人罪で起訴された男性の裁判員裁判には、自治会長の上申書も提出された。男性の自治会活動に対する熱心な姿勢などを評価し、寛大な刑を求めるとともに、こう書かれていた。

〈家庭内の状況等については、一切話されること無く、私も含めた他の役員もまったくといって良いほど承知しておりませんでした〉

〈会長として、自責の念にかられるばかりであります。家庭内のこうした事情を公開し支援等を求める難しさを考慮すると、決して他人事とも思えず、地域としてこうした事案にどう対応してゆくべきなのか、考えても考えても対策が見えてまいりません〉

判決は、男性が16年間にわたって長男の面倒を見てきたこと、介護によって心身が疲弊していたこと、妻や他の家族を守らなければいけないと考えたことなどを認定し、「一家の長としての責任を果たすために殺害を決意した。被告人の苦労がいかばかりであったかと推察される」と述べた。

その一方で、「被害者なりに生きる希望があり、殺害されなければならない落ち度は何らないにもかかわらず、その尊い命を若干35歳で奪われた。結果は誠に重大だ」として、懲役3年6月の実刑を選択した。

刑務所で男性は毎日、息子の戒名をノートに書き、冥福を祈り続けた。

窓越しに雪がつもる光景を見た時は、「外に5分でも立てば……」と自殺を考えたこともあった。しかし、教誨《きょうかい》の時間に僧侶から言われた一言が頭をよぎった。「息子さんの分も長生きしてください。決して投げやりになってはいけない。自殺してはいけない」。何度涙を流したか分からない。

何度も面会に足を運んでくれた妻の支えもあり、刑期を全うすることができた。

「息子のためにも、一日でも長く生きていこう」。固く決心した。

出所後は妻との静かな暮らしが始まった。

長男を殺めた日を月命日とし、妻、娘家族とともに、墓参りをするのが毎月の決めごとになった。元から畑は趣味だったが、自宅脇にある10メートル四方程度の畑で野菜を育てるのが、もっぱらの日課に。冬はほうれん草、ネギ、白菜、大根。夏はなすやトマト、きゅうり、スイカ。季節が巡るごとに、味も見た目も良い野菜が採れるようになってきた。料理は男性の担当だ。

今では作りすぎた野菜を近所に配りもする。しかし、出所当初はなかなか地域の輪に戻る勇気が出なかった。

そんな男性にコミュニティへ復帰するきっかけを与えてくれたのも、裁判で上申書を提出した自治会長だった。「いろいろな事情があって事件に至ったんでしょう。法的な制裁も受けている。温かく迎えてあげて、みんなで一杯やるかくらいの気持ちで良いじゃない」。自治会長の誘いで老人会のレクリエーションに参加するようになり、再び地域の輪の中に入っていけるようになった。

マスターズ陸上に誘われたのも、出所して間もなくのことだ。新聞広告で大会の存在を知り、自分より高齢のアスリートたちがはつらつと競技に臨む姿にひかれた。走っていれば、一緒にかけっこをした長男のそばにいられるような気がした。陸上競技での仲間も、たくさんできた。

地域や陸上の仲間の中に、事件のことを知っている人はたくさんいるはずだ。それでも、自分たちのことを受け入れてくれた。「人の温かさに救われた」と夫婦は思う。

記者が取材で男性の自宅を訪ねたのは、出所から3年以上がたった、２０１７年の早春だった。事件の年から数えて、８度目の桜がもうすぐ咲こうとしていた。

長男の部屋は、畑で採れた野菜や生活用品の置き場になっていたが、ほとんどが事件当時のままだった。長男が暴れた際に殴って空けたドアの穴、姉からプレゼントされた色あせたポスター……。男性はその部屋に入るたびに思い出す。テレビや棚、布団の配置、長男が静かに寝ている時の頭の向きなどを。

事件当時、男性の妻は、長男の隣の部屋で眠っていた。気づいたのは息子が動かなくなった後だったが、夫を責めることはできなかった。「お父さんが罪を1人でかぶってくれたんです……」。取材中、絞り出すように言った。

居間には、長男が高校時代にソフトボール大会で受賞したトロフィーがあった。月命日の時などに、それを見て夫婦で思い出を語り合い、涙が止まらなくなることがある。

「周りには言えなかった。がんとか、そういう病気とは違うから」。男性は正座してうつむき、記者の前で何度も号泣した。「また会えるなら謝りたい。あの試合は一生分の親孝行だった。いい男だったんだよ。なのに病気が、あんなことをさせたんだよ」。

長男とよく花見に来た場所。桜が咲き始めた。「手作りのよもぎ団子を『おいしい』と食べてくれた」と、男性はつぶやいた

男性と一緒に、その年の桜を見た。息子の運転する車で、よく一緒に行ったという近くの神社。男性は、自分が作ったよもぎ団子を長男がおいしそうにほおばった思い出を、懐かしそうに語った。

同年４月に記事が掲載された後も、記者は男性を幾度も訪ねた。

翌２０１８年の１月、首都圏に大雪が降った日に、男性から突然、電話がかかってきた。涙声だった。大阪府寝屋川市で、精神障害の娘（当時33歳）が両親によって自宅の小部屋に約15年間にわたって監禁され、栄養不足で死亡した事件をニュースで知ったという。

父親の通報で駆けつけた大阪府警の警察官が娘の遺体を確認した時、身長は１メートル45センチ、体重は19キログラムしかなかった。行政機関からも要支援の対象者として把握されていなかったという。家族は地域から「孤立」していた。男性の長男とは、精神障害にかかっていた期間も、亡くなった年齢も、ほぼ同じだった。

長期にわたって監禁し、死に至らせたのは許されることではない。しかし、男性は、自分が極限まで追い込まれた時の心情を、その両親に重ねないではいられなかった。

「暴れたら、人様に迷惑かけたら、どうしようって思ったんでしょう。それでも、自分たちの子だから、そばにおいておきたかったはず。つらいよなって、今、母ちゃんと話していた。だって同じだもん、うちと……」

精神障害の子どもを、親が死なせる事件は後を絶たない。そうした事件を知るたびに、男性は胸をかきむしられる思いだ。これ以上、同じような目に遭う人が出ないようにするには、どうすればいいのだろうと。

◆

2018年夏、男性は前年に続いて、マスターズ陸上大会のトラックに姿を見せた。スタンドにいる記者に視線を送り、目が合うと手を挙げた。号砲が鳴り、駆け出したが、前回より歩幅は小さくなり、顎もやや上がり気味だった。タイムは0・4秒落ちた。レースを終えて戻ってくると、今回も、「あんまりダメだったな」と照れ笑いを浮かべた。

事件後は自殺も考えた。今も思い出しては自らを責め、苦しむことの繰り返しだ。それでも、こうやって健康を保って生き抜き、息子の供養を続けなければならない。そう自分に言い聞かせているという。

子どもの障害や病気に悩んだ親が、子どもを手にかけてしまう殺人・心中事件は相次いでいる。読売新聞が２０１０年１月から２０１７年３月までに起きた計50件（未遂含む）を調査・分析したところ、加害者は65歳以上が７割を占め、子どもの「ひきこもり」や暴力にもかかわらず、長く周囲から支援を受けられなかった高齢の親が事件を起こしている傾向がわかった。

調査したのは、警察発表や裁判資料などで、親が子どものひきこもりや心身の障害、難病などに悩んでいたことが確認できた事件。被害者が18歳未満の事件は、児童虐待など動機や背景が異なるケースが多く、調査対象から除いた。

50件の動機や背景（重複あり）を分析したところ、「親が亡くなった後などの子どもの将来を悲観」が約６割の28件に上った。「子どもからの暴力」も20件と目立った。ほかに「経済的な不安」（９件）、「介護疲れなどによる親のうつ状態」（６件）などもあり、福祉・医療面の支援不足が事件につながった可能性がある。

親が介護や世話をした期間が確認できた44件のうち、20年以上が22件を占めた。加害者となった親（53人）の事件当時の年齢は平均69歳。65歳以上の高齢者が37人と７割を占めた。被害者となった子ども（51人）は平均39歳だった。

事件が起きる背景には、障害などのある子どもと同居する親の過重な負担があると専門家は指摘している。親の高齢化が進む中、社会全体で負担軽減を図ることが求められている。

メモ

「全国精神保健福祉会連合会」（東京）の２００９年度の調査では、子どもが精神障害を発症した親らの3割以上が、信頼できる専門家に相談するまで3年以上を要していた。群馬県立県民健康科学大の田村文子名誉教授（精神看護学）は、「子どもが健康だった頃や、思い描いていた将来とのギャップに苦しみ、周囲の偏見もあって障害を受容できない親もいる」とし、「外部に相談することが受容の第一歩。医師や行政も家族の悩みに耳を傾けてほしい」と話している。

助けを求めても、たらい回しに

医師、役所、保健所、警察――。障害のある子どものため、親が様々な相談先に助けを求めても、悲劇を防げないことがある。

2017年3月上旬、関東地方の集合住宅。夕暮れ時に記者が訪ねた部屋は、前月に引っ越してきた時の慌ただしさを物語るように、がらんとしていた。カーテンは窓のサイズに合わず、床にぺたりとついてしまっている。男性（83）と妻（81）は肩を寄せてじゅうたんの上に座り、座卓の上の湯飲みを手で包んで、話し始めた。

妻が言った。「静かな生活ができるようになったことに、感謝しています」。

男性は時折首を振りながら、前年夏に自らが起こした事件までのことを語った。約30年間苦しみ、向き合ってきた40歳代後半の長女は、その部屋にはいなかった。

小さい頃は無邪気な女の子だった。教員だった男性は仕事が忙しく、家族で遠出する機会こそ少なかったが、娘をひざに乗せてかわいがり、体調が悪くなればおんぶして医者のところへ向かった。

長女は次第に友達づきあいが苦手になり、家で母親に当たるようになった。高校に入るとエスカレートし、ベルトやテニスラケットで母親を殴ることもあった。男性も暴力を振るわれ、「こんな親に産まれたくなかった」とののしられた。

その頃から、長女は男性と会話をすることがなくなった。当初は反抗期かと考えたが、あまりの激しさに心配になって病院の男性医師に相談すると、精神障害と診断された。

長女は卒業後、自宅に閉じこもりがちになった。アルバイトや大学での勉強も、長くは続かなかった。医師は障害者の作業所への通所を勧めた。30歳の頃に1年半ほど通い、「その間はおとなしかった」と妻は話す。だが人間関係で失敗し、再び家にこもるようになった。

男性は、トイレさえ娘の許可なしには行けなくなった。長女は家の中で物音を出すたびに激しく怒り、男性に謝らせた。風呂は、長女が眠りについた後の夜遅くに入るのが日課になった。

男性は、月1回は医師を訪れては娘の病状について相談した。男性は、教鞭を執っていた自身の経験に触れ、「育て方が悪かったのだろうか」と自責の念を吐露した。高齢になるにつれ、男性や妻が亡くなった後についての心配を募らせていった。

男性は思いつく限りの相談先を回っていた。しかし、役所では「うちでは解決できない」と言われ、紹介された保健所では「暴力の相談は警察に」と告げられた。

２０１６年春、妻が顔にあざができるほどの暴力を受けた。

妻はそれまで、警察に相談することを嫌がっていたが、この時には「もうだめね」とこぼした。男性は妻を説得して１１０番。警察官から強く注意された長女の暴力は、１週間ほど止まった。ただ長くは続かず、すぐに「親なのに私を警察に売った」と、一層荒れるようになった。

「もう警察に頼る気にはなれなかった。再び警察に言えば、もっとひどいことになると思った」。妻はそう振り返る。その後、警察から状況を聞かれても、妻は「大丈夫です」とだけ答えて娘の暴力を隠すようになった。男性は「もうこれ以上どうしようもない。これが限界か」と絶望を深めた。

男性が「娘と一緒に暮らせない」と訴えても、妻は「人に迷惑をかけてしまう。私が面倒を見るから、もう少し我慢して」と言い、意見は合わなかった。

近くに住む長男（51）は、両親のことを心配してたびたび家に顔を出し、電話もかけた。だが、両親は仕事が忙しい長男に迷惑をかけまいと、長女の暴力について詳しい話をすることは避けた。

警察への通報から半年もたっていないその日、娘から過去の言動のことで何度も謝罪を求められ、「カーッとなり、頭が真っ白になった」という男性は、ついに包丁を手にした。

ちょうど外出先から帰宅した妻が止めに入った。腹部などから出血した長女は、一命を取り留めた。

２０１７年１月下旬。地裁の法廷で、殺人未遂罪に問われた男性の裁判員裁判が開かれた。検察側は、犯行直前に周囲に助けを求めなかった男性を厳しく追及した。

「妻に相談しなかったのはなぜか」

「心の余裕がありませんでした」

「息子に迷惑がかかるとは思わなかったか」

「冷静でなかった」

「医師に電話はできなかったか」

「医師に相談するような内容ではないと思います」

「警察は」

「警察に相談しても、同じことの繰り返しなんです。保健所は『警察に』、警察は『保健所に』と……。持っていき場がなかったんです」

さらに質問は続いた。男性は問い返すように言った。

「変な言い方ですが……ここまで追い詰められたら、他の人ならどうしたのでしょうか」

弁護人の質問に対しては、後悔と反省を口にした。

「愚かでした。取り返しのつかないことをしたと思います。（娘が生きていて）ほっとしました」

弁護人らは公判への対応と並行し、裁判後に再び家族が危険な状態にならないよう、長女を両親と別居させる準備をした。事件後、長女の暴力がいかに激しかったかを知った長男が協力し、それぞれの新居を確保した。そのことを弁護人が告げると、男性は自分に言い聞かせるように答えた。

「それしかないと思います。本当は、娘は家内と暮らすのが最善だと思いますが、暴力が収まらなければ家内が危ない」

男性と妻は、長女と離れ集合住宅で暮らす。「事件前は別居は無理だと思っていた」と男性は振り返った

同年2月上旬の判決は、懲役3年、執行猶予4年だった。裁判長は「命を奪う危険が高い犯行」と非難する一方、「病院や役所に相談したり警察に通報したりしたが、かえって暴言や暴力が悪化した。決して犯行を正当化することはできないものの、もはや取るべき手段がないと思いこみ、突発的に殺意を抱くまで追い詰められた経緯には、同情の余地が大きい」と述べた。

裁判長は、最後に被告席に声をかけた。

「あなたなりに悩みや苦しみがあり、理由があって刺したことは同情する点はあると思いますが、十分に反省し、二度と家族の中でこういう事件を起こさないようにしてください。執行猶予ということで、社会に戻って生活することができます。体を大事にして、奥さんをいたわって、安心して暮らせるようにしてください」

男性はうなずき、頭を下げた。

この公判の裁判員だった女性（56）が判決後、取材に応じた。

医療職として多くの家族と接してきた。男性と妻について、「家庭内で何とかしようと思い詰め、孤立してしまったように感じた。真面目で、本当に困った時にしか行政や警察を頼ろうとしていなかった」と感じたという。

「もっと相談先が深く関わり、同じ障害を抱える家族の会などを紹介できていたら、あそこまで追い込まれなかったのでは」


30年前から親子の相談相手になってきた男性医師は、自分が勧めた作業所通いが長く続かなかったことが、残念でならない。

取材に対し、「お父さんは、やるべき事を尽くしていたと思う」と振り返る。「長女を両親と引き離し、専門のスタッフの下で生活させることが回復につながるはず」とも話し、「事件は起こってしまったが、今がそのタイミングだ」と付け加えた。


裁判後、男性は妻とそろって近くに買い物に出かけるなど、穏やかな日々を過ごした。長女と離れて暮らす生活にも、少しずつなじんでいった。

長女は検察官に対し、「私も父も互いを思いやれなかった。これからは一人で生活しようと思います」と語ったという。長男からは、「落ち着いて生活している」と伝え聞いた。

「立ち直ってくれれば、私も救われる。遠くで待つしかないという気持ちです」。妻も、隣でうなずいた。

メモ
精神疾患の症状が重いケースの対応は保健所が中心となるが、本人や家族が自宅訪問を拒否することも多く、「実効性ある介入が難しい」（首都圏の自治体）。警察への相談も多いが、暴行や傷害容疑での事件化ができなければ対処に限界がある。
日本福祉大の青木聖久教授（精神保健福祉学）は、「精神状態が著しく不安定になってから関係機関が対応するのは難しく、平時から保健所などが当事者と信頼関係を作っておく必要がある」と指摘。地域ごとに、行政や医療などの関係機関が日常的な情報共有や意見交換を行うことも提言している。

苦しむ家族に手を差しのべたい

看守に付き添われた男性（83）が、憔悴《しょうすい》した様子で大畠信雄さん（76）の前に座った。顔は少しむくんでいるようだった。２０１５年5月、和歌山県内の拘置施設。「よくぞ来てくれました、ありがとう」。男性は涙ぐんだ。

その年の2月14日のバレンタインデーに、男性は精神疾患だった長女（当時41歳）を絞殺した。殺人罪での裁判員裁判が7月に予定されていた。

「娘が病んで20年間、保健所、病院、警察、各方面でお世話になったけれど、症状は改善しませんでした。夜になると、娘と暮らした日々が走馬灯のように浮かんできて、懐かしく、悲しく、眠れません。苦しいです」

ともに面会に来た男性の妻は泣き続けている。

男性は、裁判で執行猶予が付かず、実刑になるのを覚悟しているようだった。「刑がどれくらいになるか分かりませんが、出所してから1、2年くらい生きられたら、家族の苦しみを社会に訴えたい」とも話した。

大畠さんは思わず言葉に力を込めた。「我々は、和歌山で精神障害者を持つ家族を支援し、家族のしんどさを軽くしていこうと取り組んでいます。力を貸してください」。

事件の約10年前、大畠さんは、男性の和歌山市内の自宅を訪れたことがあった。県の家族会で会長も務めた大畠さんは、長男（47）に精神障害があり、障害者の居場所となる作業所を開設する活動をしていた。男性とは、ともに子どもを通院させていた精神科病院の家族会で知り合い、「一度、娘と話をしてみてもらえませんか」と頼まれた。ただ、その日、娘は部屋から出てこず、玄関で男性と話をしただけで終わった。

数年たった２００８年、やはり家族会で知っていた女性が、27歳の娘の精神障害に絶望して首をひもで絞め、自らも包丁で手首を切って無理心中を図る事件があった。ショックだった。殺人罪に問われた女性の裁判を傍聴し、被告人質問で「私は鬼のような母親です」と泣き崩れる女性の姿を見つめながら、こんな事件は繰り返させまいと心に決めた。

大畠さん自身も、長男が発症した当初は、「一緒に死のう」と考えたことがある。それでも、数

福祉職の人たちと講演会の準備をする大畠信雄さん（右から2人目）。他県での家族支援の取り組みが紹介され、行政の対応強化を求める声も上がった

年たって職場で長男のことを打ち明けると、上司らが「よう辛抱したな」「わしらの子どもがそうなったら助けてな」と言って、出勤できない時は助けてくれるようになった。身内の障害を隠しているよりも、周囲に知らせて助けを求めた方がいい。社会の側にも、家族を外から支えに行く仕組みが必要だ。それが、自分の経験と、女性が起こした事件から学んだことだった。

家族会のほかの親らと障害者家族の生活実態の調査を始め、1年かけて県内の66家族と面談した。2014年には、社会福祉士や弁護士らとともに解決策を考えるため、「家族依存から社会的支援に向けて進める会」を設立し、自ら会長に就いた。

だが、翌2015年、今度はあの男性が事件を起こしてしまった。

事件の約3か月前にも、男性と顔を合わせていた。「娘さん、どうですか」と声をかけると、「相変わらずですわ」と言いながら笑顔を見せた。元気そうだと思った。

「自分だって、つらくてもそうした場所では明るく振る舞う。気づいてあげられなかった」。大畠さんはニュースで逮捕を知り、激しく悔やんだ。


「殺人者がこのような場に立ってよいのか……」

同年11月。男性は、和歌山市内で約100人の聴衆を前に、ためらいがちに話し出した。大畠さんが、端の席で見つめていた。

7月の判決は、執行猶予が付いた。裁判長は「事件の背景には、被告人が被害者の問題を抱えすぎたという面もあり、殺害にまで至るのは行き過ぎであることからすると、犯行は実刑も考えられる重いものだ」と述べたが、「当時80歳だった被告人が被害者の暴力を制止し続けることは容易ではなかった」とも指摘し、実刑を回避したのだった。

釈放され、面会のお礼を伝えてきた男性に、大畠さんはすぐに講演を依頼した。

「娘は成人式で、晴れ着姿で写真を撮りました。それが、ただ一つの明るい笑顔でした。それからずっとひきこもりに」

男性は、ありのままに語った。小中高といじめに遭った娘は人間関係が苦手で、高校卒業後は転職を繰り返したこと。成人式の後から続いたひきこもり生活では、暴力が次第にエスカレートし、幼い時に買い与えたピアノを壊したこと。隣家に物を投げたため、警察に通報して入院させたが、家に戻るとまた暴れたこと。仕方なく娘を連れて車に乗り、一緒に寝泊まりする日々が何か月も続いたこと。

病院に入院もさせたが、症状が良くなることはなかった。暴れる娘の対応に疲れ果て、暴風雨の港に飛び込もうとした。娘自身も自宅で首をつり、自殺を図ったこともあった――。男性の口からは、つらい記憶があふれ出た。

そして、あの夜のことも。「助けて」。我を忘れて叫びながら、布団をかぶった母親をたたく娘を見て、思い詰めた。電気コードを手に取っていた。気づくと、娘の体がぐったりとしていた。

講演の最後に伝えたいことがあった。

娘は、子どもの頃、「肩をたたいてあげようか」と足で肩をマッサージしてくれた。お弁当を作ってくれた。そして、行ったことのないヨーロッパの景色にあこがれ、事件の少し前にも、アルプスの写真集を買ってきて、「お父ちゃん、きれいやろ」と見せてくれた。男性は、その白い頰をなでた。「お母ちゃんからもらった肌、大事にしないと」と言いながら。

「今は、楽しい思い出ばかりが頭に浮かんできます。あのぬくもりが、今でも手に残っていて」

こらえていた涙があふれた。

「警察や病院は一生懸命やってくれたが、事件の夜は頼るところがなかった。私の話が教訓になるよう大畠さんたちに頑張ってほしい」

取材にそう語った男性は、娘が２００１年に入院していた時に書いた日記の内容が忘れられない。

12月21日
〈生きている事がとても苦しい。（中略）やっぱり疲れた時は、疲れた顔を見せることができるのは家族だけです。弱い顔を見せることができるのは、家族だけです。今ね、とても心が疲れきっています〉
12月24日
〈自分のことは自分で管理してゆかなければならないのです。でも、やはりとても淋しい、淋しい。それに肉体的にもしんどい。（中略）今日はクリスマスイブです。とても悲しいイブです。ヨーロッパに行きたい。ロンドンに行きたい。でも、やはりロンドンでも苦しんでいる人達は、たくさんいるのでしょう。絵本の中のような美しい世界の訳にはいきません〉
一番苦しんだのは娘だったのだ。
大畠さんは、様々な医療・福祉職の人が24時間態勢で精神障害者の自宅に駆けつけるチームの編成を自治体などに働きかけている。まだ全国に30チーム程度で県内にはない。
「家族が苦しい時には一緒に泣いてくれる人が必要。そんなチームができるようにしたい」。それが男性の思いに応えることだと、信じている。

メモ

障害者や「ひきこもり」の子どもを持つ親らが集まる家族会は、地域や病院、福祉施設などの単位でつくられている。悩みを共有したり、情報を交換したりする場として有効だ。
各地の家族会の連絡先を照会できる主な全国組織は、精神障害では「全国精神保健福祉会連合会」（03・6907・9211）、知的障害では「全国手をつなぐ育成会連合会」（077・572・9894）、ひきこもりでは「KHJ全国ひきこもり家族会連合会」（03・5944・5250）がある。

「この子はもう治らない」と思い詰め

「えらいことしてしもうた」。２０１６年８月の未明、大阪府内の住宅街。母親（73）は、２階の寝室で孫娘と寝ていた長女を起こし、そう告げた。

１階の部屋のベッドに、果物ナイフで刺された49歳の長男が倒れていた。それを見て震えが止まらない長女の肩を抱き、母親は泣いた。「しんどかってん、ごめんな。子どものことを置いて先に死なれへんと思って」。長女に付き添われ、警察に出頭。殺人容疑で逮捕された。

夫に先立たれてから８年間、精神疾患の長男の暴言や行動におびえてきた。長男以外は女性３人だけの家族。自分が何とかしなければと思い詰めたのだった。


事件の経過は、２０１７年２月末に大阪地裁堺支部で始まった裁判員裁判で明らかになった。

「男の子が生まれたことがすごくうれしくて」。母親は被告人質問でそう語り出した。恥ずかしがり屋の長男を溺愛し、中学、高校で寮生活を送らせた時は、心配でならなかった。夏休みなどだけ帰宅する息子が、寮に戻る前日、ベッドの中で泣いているのを見ると、たまらず自分もその布団に入って涙した。長男は20代半ばで結婚し、妻と幼い娘たちを連れて実家によく遊びに来た。一緒に食事や旅行に行き、「あの時が一番楽しかった」と、母親は振り返った。

ところが、長男は35歳の時に仕事のストレスが原因で発症し、精神科病院への入退院を繰り返すようになった。入院中に雑誌に火をつけ、離婚して実家に戻った後も、自転車で車にぶつかっていったり、近所の家から物を持ってきたりした。

２０１６年7月に退院してからは、うつろな目で近所を徘徊し、たばこを手に外で立っていることが多くなった。母親は、「また火をつけないか」と恐怖にかられ、たばこを吸い終わるまで外で一緒にいて見張る日々が続いた。長男が大量の日本酒などを注文したのを知って、「注文があっても送らないでください」と酒店に懇願したりもした。

「おばあちゃん、顔やばいよな。やつれて倒れへんでほしい」。長女が、心配する孫娘からそう言われた夜、事件は起きた。

「この子はもう治らないと思った。入院さすのも、面倒見るのも、母親の私ならできる。自分が産んだ子だから。でも、娘や孫たちにそんな苦労はさせられないんです。守りたかったんです。自分の命あるうちに、どないかしないと」。母親は法廷で泣き崩れた。

２０１７年3月の判決は、「治らないというのは被告人の独断で、受け入れることはできない」と非難し、懲役2年6月の実刑とした。ただ、「正しい知識を持てないまま、他者に相談することもせず、一人で追い詰められたのは、専門家の適切なサポートがなされなかったことに原因があるといえ、すべてを被告人の責任とみるのは酷である」とも指摘した。

「わが子への責任感の強さから深刻に考え、事件を起こしてしまう母親の気持ちは理解できる」。さいたま市の小山美枝子さん(74)は、そう話す。

長男の公一郎さん(40)は高校時代に学校に行かなくなり、自室にこもって、気に入らないことがあると暴れた。

何が原因なのか、美枝子さんには分からなかった。夫の転勤の影響で幼稚園や小学校の頃は転居を繰り返し、友人を作るのは苦手なタイプだったが、直接のきっかけは思い当たらなかった。それからは、朝も夜も、食事ができたら声をかけるが、暴力を恐れて同じ部屋にいないようにする生活が続いた。何年もの間、目を合わせて話をすることさえできず、耐えかねた夫は家に帰らなくなった。美枝子さんは毎晩、ジーンズをはいたまま布団に入り、暴力が始まると、1歳下の次男を車に乗せて避難する生活を強いられた。

最初は学校に相談し、紹介されて児童相談所や保健所にも行った。「本人のストレスが原因でしょうから、要求を聞いてあげてください」と言われ、「料理がまずい」と言われれば好きな料理を出した。「言葉遣いが悪い」と言われ、敬語を使った。それでも、状況は好転しなかった。

公一郎さんが精神疾患と診断されたのは20歳のときだ。入退院を繰り返し、30歳に近づいた頃、一縷の望みが見えた気がした。公一郎さんが「俺は中ぶらりん。それが後ろめたい」と漏らしたのだ。

そして、転機は不意に訪れた。同じ境遇の友人たちと喫茶店で話していた時、ウェーターを見て「息子にもできるかな」と言うと、皆が「できるできる」と賛成してくれた。自分で物件を探し、喫茶店を開業した。

しばらくは誘っても応じなかった公一郎さんだったが、８回目の入院を終えて自宅に戻った時、「入退院する生活は終わりにしたい」と、店に来るようになった。仕事を覚えたいという意欲を見せるようになり、時間はかかりながらも、徐々に接客に自信をつけていった。いつしか暴力は消えていた。

主治医は、「いつかは治る」と励まし続けてくれた。生活訓練施設のスタッフが公一郎さんに、「暴力はいけない」と懇々と説いたことも大きかった。

公一郎さんはその後、工業系の大学に合格。ストレスがたまらないよう、休みを挟みながら授業のスケジュールを組み、卒業にこぎつけた。自らの病気を説明したうえで、38歳で電気工事会社に就職し、服薬しながらフルタイムで働いている。決まった納期を守り、目標に向けて自分に与えられた仕事を全うすることにやりがいと喜びを感じている。

「20代までは親に反抗することが生きがいだという感覚だった。でも喫茶店でひたむきに働く母を見て、自分もちゃんと生きたいと思った。母に感謝しています」。取材に対し、きっぱりと語った。

「仕事で目標を達成できた時は大きなやりがいを感じる」と話す小山公一郎さん（左）。母親の美枝子さんが横で見つめた

店で働いていた頃は、自宅から車で走る片道約40分間が、大切な時間になったという。母に様々なことを話した。病気ではない人の仕事のテンポを速く感じること、一生懸命に働きたいと思っていること……。「自分の考えが整理されていくような時間だった」。

美枝子さんは今、地元の精神障害者の家族会で会長を務める。相談に来た人には訪問看護などのサービスを早めに頼るよう勧めている。

自宅では、公一郎さんと仕事のことや病気のことを話すのが日課になった。「冷静に、穏やかに話ができる日が来るとは、20年前には想像できなかった」。

苦しむ母親たちに伝えたい。「病気とうまく付き合えるようになる時はいつか来る。その希望を捨てないでほしい」と。

メモ

「大阪障害児・者を守る会」(大阪市)が2013年、障害者がいる約1600の家庭を対象に調査した結果、主な介護者が「母親」と回答したのは9割を超え、その多くが心身の健康に不安を抱えていた。母親は「産み育てた自分に原因があるのでは」と考え、世話を一人で背負い込みがちだと指摘する専門家もいる。

京都府立大の中根成寿准教授(障害学)は「母親が高齢になり、思い詰めるのを防ぐには、障害者本人とともに外部の支援者らと信頼関係を築けるような仕組みが必要だ」と話す。

ひきこもり外来、親に希望を与えたい

ひきこもりに苦しむ数多くの家族を、16年にわたり見つめてきた医師がいる。

「よかったら、みんなとお話ししてみませんか」。2016年の3月中旬、新潟県長岡市の「ながおか心のクリニック」。ここで全国でも珍しい「ひきこもり外来」を開いている院長の中垣内《なかがいと》正和さん(67)は、来診した女性に声をかけた。

待合室の丸テーブルを10人近い男女が囲み、なごやかに話している。皆ひきこもりだったが、他人との関係を少しずつ回復しようとしている。広く明るく感じるのは、大きな窓越しの中庭と、その上にのぞく空のためだろう。

「初めてクリニックに来た親にとって、この部屋を見ることが希望にもなる」。中垣内さんはほほえむ。

きっかけは、2000年に発覚して日本中に衝撃を与えた新潟県内の少女監禁事件だった。

自宅2階に閉じこもっていた男が、拉致した当時小学4年の少女を9年余りも監禁。男の母親は同居していながら階段を上がりさえせず、少女の存在に気づかなかった。中垣内さんは精神科医として無力感を覚えた。

翌年から勤務先の病院で、ひきこもりの患者への取り組みを始めた。「最初は本人が来られなくても、まず家族の相談を受けよう」。他県からも親たちが訪れた。

これまでに診察したのは約400人。17年間のひきこもり経験がある男性（45）も、その一人だ。クリニックで取材に応じた。

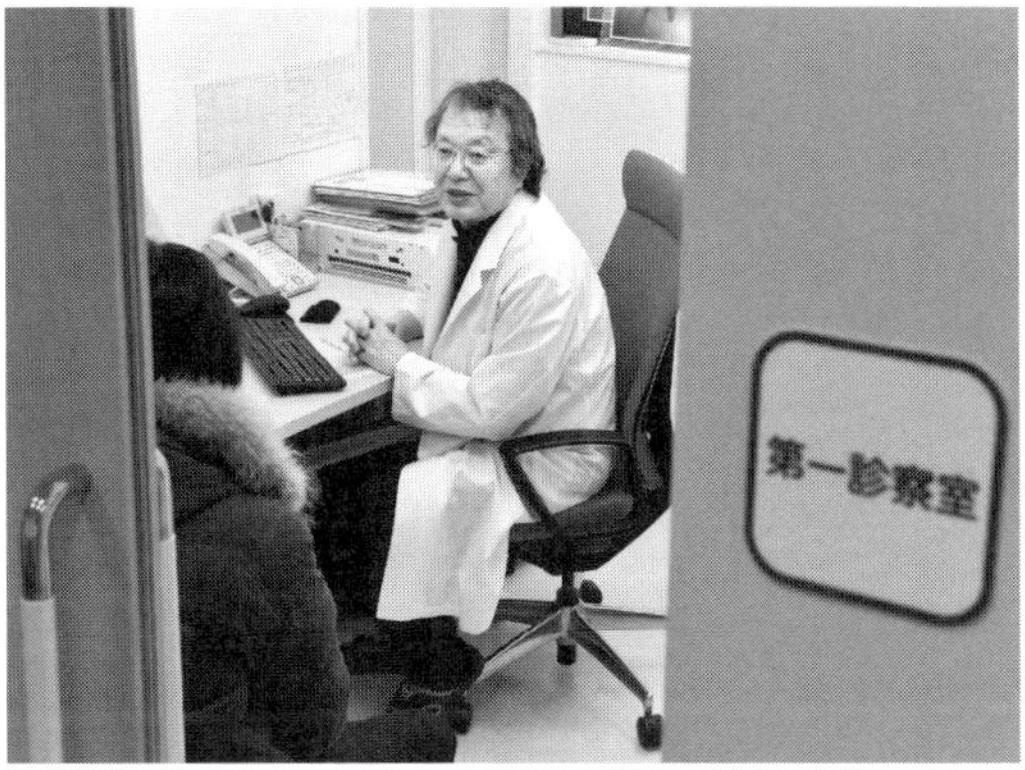

「ひきこもり外来」で診察する中垣内正和さん。17年間ひきこもっていた男性（左）は、最初に病院に来た決断を「今思えば良かった」と振り返った

中学での不登校以来、家にこもった。31歳の時、栄養不足でやせ細り、手を洗い続けるなどの行動を心配した母親が中垣内さんに相談。入院し、規則正しい生活や他人との会話を取り戻した。体重は15キロも増え、就労支援施設で働く。

「強迫観念が強くて、自殺するか、病院に行くしかなかった。当時は悩んだけど、今思えば、ここに来て良かった」。男性はそう振り返る。

「つらいこともあると思うけど」。診察室で中垣内さんが聞くと、少し考えて言った。「つらくても、生き方に選択肢がある生活の方がいい」。

中垣内さんは焦りも感じている。外来を始めた頃、ひきこもりは不登校という教育現場の問題だった。最近は不景気もあって職場環境が悪化し、離職などで、ひきこもりが長期化する例が少なくない。

インターネットやスマートフォンの影響も心配だという。寝食を忘れてオンラインゲームに没頭してしまうからだ。対人関係が怖いと感じる子どもが、人と会わずに済むと考えてネットやゲームに逃げてしまうこともある。

親子関係や生活習慣の改善などで、ひきこもりを脱することはできる。だが、そのためには、ひきこもって10年以内に外に出るきっかけをつかんでほしいと中垣内さんは考えている。

「高度経済成長期に『頑張ればいい』という価値観を身につけた人は、子どものひきこもりを受け入れられず、周囲に相談しないまま追い詰められる。親が重しになって、本人を動けなくしてしまうことがある」。そんな親たちの意識を変えなければと思う。


ひきこもりに悩む家族を行政側が見つけ出し、相談に乗る。全国でも数少ない試みを始めているのは、人口約1万7000人の岩手県洋野《ひろの》町だ。

2017年3月、町の保健師の大光《だいこう》テイ子さん(65)は、6年前の津波の対策工事が進む沿岸の道を精神科医と歩き、訪問先の家庭を回っていた。

「一人で病院に行くようになってねぇ」。70歳代の女性は息子の近況を大光さんに語った。東京で就職したが、なじめずに自宅に戻り、20年以上ひきこもっていた。大光さんの助言で初めて精神科を受診。現在は隔週で通院し、「周りにも言いやすくなった」と女性は話す。

取り組みの発端は、福祉サービスを経済的な理由で利用しない高齢者から「子どもがひきこもっている」と聞いたことだった。民生委員の協力で２年前、ひきこもりの人がいる50世帯を把握し、訪問支援を始めた。

大光さんは言う。「相談先がわからない親は多く、情報を届けるだけでも意味がある。早めに相談に乗ることで、家族が孤立するリスクを減らしたい」。


静岡県浜松市も、ひきこもりの人がいる家庭への訪問に力を入れている。

「絶望していた自分が働けるようになったのは、家庭訪問のおかげです」

市内のミカン農家で農作業を手伝う男性（43）は、そう話す。同市のひきこもり地域支援センターの精神保健福祉士が３年にわたって２週に１度のペースで訪問したことで、外出して働けるようになったという。

同センターは、精神障害の予防や治療の拠点となっている市の「精神保健福祉センター」と、訪問経験の豊富なスタッフがいるＮＰＯ法人が「官民共同」で運営しているのが特徴だ。市内で訪問支援を活発に行っており、２０１５年度は27人の家庭を訪れた。

２０１４年に相談に来た女性の20歳代の息子には家庭内暴力があり、精神疾患を疑わせる症状もあった。センターは「緊急性がある」と判断して保健所に連絡。一緒に自宅を訪れ、精神科病院の受診につなげた。

センターの責任者の二宮貴至《たかし》医師は、「訪問で、孤立して行き詰まっていた家族の状態が改善する例は多い。本人の状態によっては逆に悪化するリスクもあるため、慎重に訪問を実施することも重要だ」と語る。


ただ、これらの自治体のように、きめこまやかな支援ができている地域は珍しい。

ひきこもりの人の相談・支援を行う公的機関として、2019年4月現在、全国に75か所の「ひきこもり地域支援センター」がある。しかし、読売新聞が同センターの2015年度の活動について自治体にアンケート調査を実施したところ、様々な課題が浮かんだ。

国の指針は、ひきこもりの人の心身の状態が悪化したり、家族が健康問題を抱えたりしている場合などには訪問支援が有効としている。読売新聞の調査に対し、2015年度時点でセンターを設置していた全64自治体のうち54自治体は、家庭への訪問支援を実施する仕組みがあると回答した。ところが、親がセンターに来るなどして相談のあった人が少なくとも計9978人に上ったのに対し、センターが家庭訪問したのは9%の計884人にとどまった。

また、訪問対象の人数は地域差が大きく、人数がわかる48自治体のうち、10人以上が25自治体、1～9人が16自治体、ゼロが7自治体。最も多かったのは、広島県・広島市が共同運営するセンターの205人だった。半数を超える自治体のセンターでは訪問対象が10人未満だったことになる。

アンケートでは、国の指針に照らして十分な訪問ができているかも尋ねた。７割近い自治体が「できていない」と回答。理由（複数回答）は、「人手不足」（27％）、「対象地域が広すぎる」（27％）、「専門性の不足」（18％）などが目立った。

センターの職員数は、５人以下の自治体が６割を占めた。各センターは精神保健福祉士などの専門職を原則１人以上配置しなければならないが、センター事業の予算は原則２０００万円が上限で、国の負担はその半額。これで確保できるスタッフは４人程度にとどまり、多数の親らの相談に応じつつ合間に訪問を行うしかない。

センターによっては他機関の職員が兼務したり、自治体が独自に予算を付けたりしていて、職員数も専門職の配置状況もバラバラだ。５人態勢の仙台市では、15年度の相談者２７０人のうち訪問できたのは８人。担当者は「きめ細かく対応するには限界があり、訪問に結びつけるのは難しい」と漏らす。訪問の必要性などを判断できる専門家が配置されている自治体は少ないとみられる。

各自治体によると、センターの訪問支援で医療機関の受診につながったり、就労したりして社会参加ができた例は多数あるという。国の指針作りに関わった精神科医の齊藤万比古《かずひこ》・愛育相談所所長は「ひきこもり支援に訪問の手法は欠かせず、本来は全センターで実施すべきだ。地域で訪問数がばらつく現状は、支援が未成熟なことを示しており、スタッフの増員と専門性の向上を急ぐべきだ」と話す。

ひきこもりは、国の定義では、社会参加しないまま6か月以上、家庭にとどまる状態を指す。▽いじめや成績不振などによる不登校▽大学受験や就職の失敗▽勤め先でのリストラ――などがきっかけになりやすい。

内閣府は2016年、ひきこもりの人が約54万人に上るとしたが、これは15～39歳に限定した推計だ。「KHJ全国ひきこもり家族会連合会」の2017年の調査では、40歳以上が25％を占め、10年前に比べて平均年齢は3・9歳高い33・5歳。ひきこもりの平均期間も2・5年長い10・8年に達した。そして、内閣府が2019年3月に公表した中高年のひきこもりに関する初の実態調査では、40～64歳のひきこもりが推計で61万人に上った。

ひきこもりが長期化するほど、昼夜逆転の生活による睡眠障害や、他人との会話に恐怖や不安を感じる「社交不安症（対人恐怖症）」などになりやすい。高齢化した親が、子どもの将来を悲観して思い詰めるケースも増え、「親亡き後」問題として支援の大きな課題となりつつある。


行政による支援が行き届かない部分を埋めているのが、民間の支援団体だ。ひきこもりの人の自立を助ける民間団体「ライフアート」（京都市）の世話人、山田孝明さん（63）は、苦しむ家庭を訪問する支援に20年前から取り組む。名古屋、沖縄にも活動拠点がある。

活動を始める前は予備校講師。「他人と共感できるようになるには、学校や地域などに『群れる場』が必要だ」と考えてきた。この20年間でフリースクールなどの居場所が増え、行政の支援態勢が拡大するなどの変化は感じている。

ただ、２００４年に大阪で起きた事件は忘れられない。約20年間ひきこもった当時36歳の男性が、老いた親に借金があったことで将来を悲観し、心中を図った。両親は死亡し、男性は殺人罪で服役。山田さんは彼と手紙のやりとりを始めた。再発防止のためにも真相を知りたいと思った。

「深刻なケースを解決するには経験豊富な民間団体の役割も重要だが、そうした団体は少ない。多くの親の高齢化が進んだ時に、支援が行き届くのだろうか」

山田さんは時折、くじけそうになる。それでも、刑務所の男性が法廷で述べた「生き直したい」という言葉を胸に刻み、支援先を一軒一軒回っている。

メモ

ひきこもりの人や家族が相談できる機関や支援団体は近年増えている。親たちでつくる「ＫＨＪ全国ひきこもり家族会連合会」（０３・５９４４・５２５０）も各地に支部があり、親や当事者の交流や、家庭への訪問支援に取り組む。

親が亡くなった後の財産管理を支援する制度には、家庭裁判所が選任した専門家らが管理を代行する「成年後見」や、親族らに管理を委託する「民事信託」などがある。利用相談は市町村や家裁で行える。信託銀行などが扱う「後見制度支援信託」や、障害者の生活の安定のための「特定贈与信託」の相談は、一般社団法人「信託協会」（０１２０・８１７・３３５）などで可能だ。

断酒会、依存症の苦しみを共有して

住宅街に消防車のサイレンが響いた。2010年5月の夜のことだ。長野県安曇野市の土屋毅さん（71）はその音を特段気に留めなかったが、翌日、新聞を開いて驚いた。

500メートルほどしか離れていない家と、自家用車が焼け、3人の遺体が見つかった。土屋さんが運営する「断酒会」に参加していた消防職員の男性（当時48歳）とその両親だった。「アルコール依存症の長男の将来を悲観した両親が、無理心中に及んだ」。警察はそうみていた。警察はその年の暮れ、自宅に放火して男性を殺害したとし、死亡した両親を男性への殺人などの疑いで書類送検した。

自身も30歳代の頃から約20年間依存症に苦しみ、長野県断酒連合会副理事を務める土屋さんには、男性の一家がなぜ悲劇に至ったのかについて、思い当たることがあった。

依存症の当事者たちが経験を語り、励まし合いながら離脱を目指す断酒会。消防職員の男性は3年間参加したものの、挫折を繰り返していた。

事件の約2か月前。土屋さんは、依存症の専門病院に入院するその男性を車で送った。「どうしてやめられないんだ。意志の問題だろう」。後部座席で、男性の父親（同75歳）が息子を責めるのが聞こえた。

「依存症に対する家族の理解や支えが大切なのに」。初めて会った父親の様子に不安を覚えた。後日、お礼を言うため土屋さん宅を訪れた父親は、「こんな近くに同じ悩みを抱えた人がいることを、もっと早く知っていれば」と漏らした。

土屋さんの妻（71）はそれを聞き、身につまされる思いだった。自身も以前、夫のアルコール依存症を周りに隠していたことを思い出した。「この人もずっと抱え込んで、どこにも相談できずにいるんだ」。

この父親の家族と40年来の付き合いがある近所の女性（79）によると、「しょっちゅうお互いの家を行き来していたが、仲の良い家族で、一度も（男性の）アルコール依存症の話は聞いたことがなかった」という。

専門病院を退院した男性は、断酒会に顔を見せた。だが、土屋さんに近づいて来ない。「また飲んだから、においに気づかれたくないのだろう」と思った翌日、事件は起きてしまった。

「お父さんも断酒会に参加するよう働きかければ良かった」と土屋さんは悔いた。自分も妻が一緒だったからこそ続けられたのに――。

４年後の２０１４年5月頃、土屋さんは、後には引けない思いで電話をかけた。電話の相手は、アルコール依存症の次男（34）がいる母親（64）だった。

次男は東京で働いていた26歳の時、大量に飲酒するようになり、それが原因で吐血が止まらなくなって、入退院を繰り返した。断酒会に参加していたが、再び飲酒してしまい、行きづらくなって「もういいや」と欠席が続いていた。

土屋さんが電話をかけたのは、次男に再び断酒会に来てもらえるよう母親に働きかけるためだった。「ぜひ来てください」。次男だけでなく、家族ぐるみで参加するよう勧めた。「家族も行っていいんですか?」。母親は思わず聞き返した。

渋る次男を連れて、母親は初めて断酒会に出席した。他の参加者の前で長い間の苦しみを打ち明けた。「やっと断酒への一歩を踏み出すことができました」――。

話し始めると、涙がとめどなく出た。自分がここまで精神的に追い詰められていたことに、初めて気づいた。話を聞いている他の参加者も泣いていた。

全日本断酒連盟(東京)によると、全国の会員数はピークの1995年頃に約1万2000人に上ったが、2016年4月時点では約7500人。各地の断酒会は親や配偶者の参加に力を入れている。

「地獄だった」「何度も殺したいと思った」――。17年3月上旬、三重県の断酒会が開催した1泊2日の研修会は、家族らの苦しい思いであふれていた。

県内外から依存症患者や家族約140人が集まり、家族は3割を占めていた。研修会では家族だけが集まって体験を語り合う機会も設けられ、参加者らは互いの話に聞き入った。夫の依存症に苦しんだ女性（67）は、「死んでくれたらどれだけ楽だろうと思ったこともあった。それでも親兄弟にも言えない自分の境遇を分かってくれる仲間がいることが心のよりどころになった。夫も一緒に断酒会に参加するうちに酒をやめることができ、どんどん健康になっていった」と語った。

三重県は依存症治療のネットワーク作りが進む。医師が患者を依存症と診断すると、連携する断酒会のメンバーにその場で電話し、家族も含めて誘ってもらう。

40年以上、依存症の人の支援に取り組む大阪府の精神保健福祉士、西川京子さん（77）は、「本人と家族が悩みを共有することで、気持ちがほぐれて状況を受け止めやすくなる。家族の再生、生活の再構築が、断酒に役立つ」と指摘する。


２０１４年から土屋さんの断酒会に母親と通う次男は、３年近く酒を断つことができている。「飲もう、と何回も思いました。でも母ちゃんの涙がすごかったから、もうやめようかなって」

今では、「酒は飲めない」と周囲に公言している。体調が良くなり、離れていた友人も戻ってきたという。最近も、漫画喫茶に入ると食事のメニューにお酒があり、「危ない場所だ」と思ったが、我慢することができた。

体調が優れず次男が断酒会を休んでも、母親だけが出席することもあった。そんな母親の姿を見て、「面倒だと何度も思ったけど、母ちゃんが行っているから行かなきゃと思って」と、次男も参

長野県安曇野市の土屋毅さん（中央）ら断酒会のメンバーは週1回のペースで集まる。2014年から2人で通う母親（手前右）と次男（同左）も参加し、最後は手をつないで継続を誓った

加を続けてきた。「土屋さんからもらった電話がなければ、どうなっていたか……」。母親はしみじみ思う。

土屋さんは言う。「絶望する人は二度と出したくない。みんなでつながりながら、回復できる病気なんだと家族にも伝えていく」。


２０１７年3月にあった断酒会を記者が訪ねた時も、約10人の参加者の中に、母親と次男がいた。

次男に発言の順番が回ってきた。「取材を受けて過去のことを振り返ったら、究極の酒害《しゅがい》だったと思う。自分が心を病んでいるということを忘れなければ、これからしっかり頑張れると思った」。

「これからも次男と一緒に通いたい」。母親も笑顔を見せた。土屋さんが最後に言った。「どこの断酒会でも来なくなっちゃう人がいる。依存症はスリップ（再飲酒）が当たり前だから。それでもこういうところでつながっている運を逃さないように、つながっていきましょう」。

最後は立ち上がり、テーブルを囲んで全員で手をつなぐ。毎回欠かさない「儀式」だ。

「もっと強く。もっと賢く。もっと真剣に」

「やろう、やろう、やろう」

声をそろえ、握った手に力を込めた。

メモ

依存症は精神疾患の一つで、不安やいら立ちを紛らすために特定の物質や行為への欲求が非常に強くなり、やめられなくなる。厚生労働省による患者数の推計（２０１３年）では、アルコール依存症は１０９万人、ギャンブル依存症は５３６万人。最近はインターネット、ゲームへの依存も多く、ネット依存傾向がある人は４２１万人。

同じ境遇の人や克服した人たちと語り合うことが、回復に有効とされる。専門的な治療が必要な患者もいるが、対応できる医療機関が少ないのが課題だ。

独房で読経「あのままだと誰かが犠牲に」

長い苦しみの末にわが子を殺害した親は、事件後、その罪とどのように向き合っているのだろうか。

「後悔したって、もう済んだことです。（事件を起こさなければ）誰かが犠牲になったかもしれない」

2017年3月初め、中国地方の刑務所で、刑務官立ち会いの下で取材に応じた60歳代の男性は、記者に淡々と語った。40歳代の次男を絞殺し、半年前から懲役4年の刑で服役しているが、反省の言葉はなかなか出てこない。

次男は妻の連れ子だった。結婚当時は物心がつく前で、男性によく懐き、幼い頃は自宅の裏山で一緒にカブトムシやクワガタを捕った。次男は中学生の頃、男性が実の父親ではないことを知ったが、仲の良さは変わらず、成人後も晩酌しては語り合った。

しかし、結婚と離婚を繰り返して40歳を過ぎた頃、次男は精神に変調をきたした。「盗聴されている」と言ってテレビや携帯電話を壊し、母親や長女を「埋めてやる」と脅した。男性は、知人宅や車のガラスを割るなど暴れ続けた次男ともみ合った末、首を絞めた。

「本人がなかなか病院に行こうとしないし、医者に行っても『性格の問題だ』と言われて入院を断られた。あのままだと、誰かが犠牲になるかもしれなかった」

裁判員裁判の判決では、「次男の気持ちに正面から向き合う努力を放棄し、短絡的に命を奪った」と指摘された。だが、記者がそのことに触れても、男性は「(裁判関係者は)当事者の立場にいた人ではないし」と言うばかりだった。

中国地方の刑務所の独房で過ごす男性。「ほかに何をするわけでもないから」と、お経を毎朝毎晩唱えている

読売新聞はこの連載第2部で、子を手にかけた7人の親に直接取材した。多くの人は「申し訳なかった」と話しつつ、「家族を守るため」「他にどんな手段があったか分からない」と事件を肯定しているとも受け取れる言い方もした。

保護観察官として加害者の更生に関わった生島《しょうじま》浩・福島大教授(犯罪臨床)は、「本当にあれで良かったのかという自責の念の裏返しだろう」と分析する。「罪と向き合うことは必要だが、自殺などに走らないよう精神面のサポートを忘れてはいけない」とも話す。

中国地方の男性は取材中、一度だけ声を詰まらせた。次男は事件前日、近所の飲食店の経営者に、父親への尊敬や感謝を語っていた。事件後、警察官からそれを聞いたといい、「何でもっと早く僕に話してくれなかったのか……」と涙を流した。

男性の長女は、「実子の私と同じぐらい、次男をかわいがっていた」と振り返る。男性は刑務所に入った時、長女にまずお経の差し入れを頼み、今も毎朝毎晩、唱え続けているという。


２０１２年に長男（当時31歳）を殺害し、２０１７年2月末に中部地方の刑務所で取材に応じた60歳代の父親も、「周りに相談すれば良かったと言われるが、他に選択肢はなかった」と話した。

長男は高校中退後、同居の両親に対する激しい暴力が続いた。母親の腕にはあざができるようになり、物にも当たり散らした。洗濯機、冷蔵庫、電話機……。父親は、壊された家電や家具、車を修繕したり買い替えたりし、長男の知人への慰謝料などもあって、数百万円の借金を背負った。長男が交際相手から別れを切り出され、「彼女を殺して俺も死ぬ」と口走るのを聞いて絶望し、ナイフを手に取った。判決は懲役6年6月だった。

「反省している」と語った内容は、事件のはるか前のことだ。バブル経済の頃、会社員として深夜まで働き、朝まで飲み明かした。ちょうど長男が小学校の高学年の頃。家族との会話はほとんどなく、「もしかしたら、一番大事な時期に、私は（問題を）見過ごしてしまったのかもしれない……」。

中学生の時に不登校になった長男の非行は、万引きから暴力へとエスカレートした。「不登校や暴力が始まると、話し合って解決策を見つけるのは本当に難しい。そうなる前に、できたことはあったはずなのに」。

事件の数年前から、知人に勧められ、海が好きな長男と釣りに行くようになった。釣りをしている時の長男は穏やかで、優しい顔をしていた。「このまま落ち着いた生活に戻ってくれて、一緒に沖縄に遊びにも行けたら。この子は飛行機に乗ったこともないのだから」と夢見たこともあった。

「もし過去に戻れるなら、子どもの時から二人で海釣りに行って、やり直したい」と男性は言う。出所したら海が見える高台に墓を建てたいという。

「いずれ俺もそこに入りたい。あとは何もいらない」。寂しげにつぶやいた。

メモ

読売新聞が、親が障害や病気に悩んだ末に子どもを手にかけた殺人事件（2010～2016年）の判決を調べたところ、実刑は6割で、残りは執行猶予だった。

元東京高裁部総括判事の原田國男弁護士は、「こうした事件では再犯の恐れはないが、人を殺した以上、それなりに重い刑で償わせなければならず、量刑は難しい」と指摘した上で、「事件に至るまでの様々な事情を考慮し、本人の改善・更生のためにも、どの程度の刑を科すべきかということを、裁判員の感覚も踏まえて判断していくしかない」と話している。

「津久井やまゆり園」事件とその後

2016年7月、神奈川県相模原市の知的障害者福祉施設「津久井やまゆり園」で発生した大量殺傷事件では、重度の知的障害を持つ入居者19人が殺害され、職員を含む26人が重軽傷を負った。悩んだ末にわが子を園に預けた親たちが受けた苦痛や衝撃はあまりにも大きかった。

「もう体力がない。あの子がいない方が楽だと思ってしまう自分もいる」

やまゆり園に40歳代の息子が入所していた70歳代の父親は、そう本音を吐露する。幸い息子にけがはなかったが、「いっそのこと……」という気持ちが一瞬よぎってしまったのだという。

息子は周囲の子どもに比べ、成長が遅かった。「お宅のお子さんおかしいわよ」。母親も、親同士の会話でそう指摘されたことを思い出す。しかし、一家に生まれた初めての男の子。親族の期待は大きく、両親も「そのうち良くなる」と信じて、大学病院で言葉や数字を教え続けたが、最終的に自閉症と診断された。

中学卒業を控えた15歳の頃からは、奇声を発しては家中のガラスを割るようになった。「うるさい」「早く施設に入れろ」――。近隣住民から心ない苦情が寄せられ、無言電話が毎晩のように続いた。いつ暴れるか分からない息子とともに布団で寝る日々に疲れ果て、乱暴な言葉を浴びせたばかりか、「一緒に死のう」とさえ思ったこともあった。

それでも、成長していく息子の姿を見るのはうれしかった。養護学校の卒業式では、やはり家で暴れて遅刻してしまった息子を、学校は壇上に上げ、卒業証書を授与してくれた。「どんな子であれ息子は息子。誇らしかった」。

だから、20歳を過ぎてやまゆり園に入所できた時、母親は、安堵しながらも、「息子を見捨ててしまった」と帰り道に泣いた。

でも、自宅での生活はもう、限界だった。後ろめたさがあったからこそ、園にできる限りの協力をしていこうと決めたのだ。ここならもう大丈夫だ。そう思っていたのに――。

その両親の息子を含む１２５人の入所者は、事件後、横浜市港南区の仮移転先などに移った。やまゆり園の再建を検討した県の有識者による専門部会は２０１７年春、凄惨な事件の現場となった園のような大規模施設は再建せず、入所者を複数の小規模施設に分散させる方針を示した。国の福祉政策に沿ったもので、閉鎖的な大規模施設よりも、地域に溶け込んで暮らす「地域移行」という道だ。

しかし、息子と地域生活を営むことの難しさを知る両親は、専門部会の議論の段階から、地域移行の方針に強く動揺していた。実際に母親は、事件から約半年後に行われた入居者家族会で、県の職員に対し「地域に密着できないからここにきた。重い障害のある子どもを持つ親には地域の『ち』の字も考えられない」と訴えたほどだ。共感した家族は多かった。

「みんなで暮らすことで事件を乗り越えようとしている」。やまゆり園の家族会会長・大月和真さん（69）が中心となって反対の姿勢を伝え、同年10月には、やまゆり園があった相模原市緑区千木良に建設する施設と、仮移転先の2か所で入所者全員を受け入れることで落ち着いた。

2施設は2021年度に完成する予定だ。県は2017年12月から、どこで暮らしたいかを確認する「意思決定支援」を始めている。意思表示の難しい入居者本人の気持ちを、家族や園の職員、専門家らがくみ取り、最終的な入居先を決めていく取り組みだ。入所者約100人が支援を受けたが、決まったのは2018年7月までに1人しかいない。

両親はまだ面談を行っていないが、息子が引き続き施設に入所することを望んでいるという。母親は語った。「地域で暮らすのは無理。私たちも年齢を重ね、この先息子の面倒を誰がみるのか。心配で仕方ない」。


障害者が安心して暮らせる社会は、戦後日本で理想として掲げられてきた。

特に知られているのが「この子らを世の光に」という言葉だ。

知的障害児施設の創設に尽力し、「障害者福祉の父」と呼ばれる故・糸賀一雄氏が半世紀前、提唱した。障害者はその存在自体で、社会に優しさなどをもたらすという意味が込められており、事件後、殺人などの罪で起訴された植松聖被告（28）の「障害者は不幸を作る」「障害者なんていなくなればいい」という供述が報道されると、インターネットでは対抗するようにこの言葉が拡散された。

大月さんも同じ思いを抱いている。

大月さんにとって、長男（37）はようやく授かった待望のわが子だった。闘病生活を送っていた妻は、自分で面倒を見るのが難しくなった息子がやまゆり園に入所することが決まると、安心した様子でこの世を去った。

「何物にも代え難い、かけがえのない存在」。大月さんは、そう思って長男を育ててきた。お菓子を食べ過ぎてしまった時の笑顔や、一緒にお風呂に入った時の高笑いを思い出すたびに、いとおしさがこみ上げる。どんなことがあっても、長生きしてこの子を守り抜きたいと思う。

しかし、実際には、「地域で子どもと生きづらいと感じ、園にたどり着いた親が多い」のが現実だ。そして、ようやく安心できたはずの園で、19人もの「この子ら」が、偏見と憎悪の犠牲となった。


親が、障害や病気の子を殺める事件も繰り返されてきた。1978年の読売新聞は、「わが子殺し　母自殺行」「12年間疲れきった……」との見出しで、脳性小児マヒの長男を殺害して自殺した横浜市内の母親のことを報じている。

この事件などで親に同情的だった世間の反応に、障害者自身が異を唱えた社会運動があった。脳性マヒ患者の故・横田弘氏が中心となり、「障害者の生存権はどうなる」と訴えたのだ。臼井正樹

（上）やまゆり園で開かれた「感謝の集い」。地域住民や入所者の家族ら約100人で出席した。（下）「感謝の集い」であいさつする大月和真さん

さん（63）は当時、神奈川県の福祉担当者として横田氏と向き合い、親が苦しければ仕方ないという風潮への憤りを聞いた。

それから30年以上たった。「子どもを保育園などに預けるのは普通になったのに、多くの障害者はいまだに親が抱え込み、事件が続いている。社会は（横田氏らの）問題提起にまだ応えられていない」。現在は県立保健福祉大で教授を務める臼井さんの憂いは深い。

2017年3月、やまゆり園で、交流行事などを長く支えてきた地元の人への「感謝の集い」が

開かれた。家族会の代表として、再建問題などで行政や地域との調整役を担ってきた大月さんが、あいさつに立った。

事件後、障害者に対する社会の視線に不安を感じていないと言ったら、うそになる。それでも昔よりは頼れる施設やサービスが増え、「共生」という理念が浸透してきた気もする。周りを信じて生きていくしかないと、大月さんは思う。

「4年後、必ず帰ってまいります」

感謝と希望を、その言葉に託した。

第3部　幼い犠牲

続く虐待死、「保護すべきか」児相の葛藤

「警察から8歳女児について虐待通告。母親が暴れたと警察が覚知。女児は『母親によくたたかれる』と話している。母親には発達障害あり」

「夫婦間暴力の両親による心理的虐待。家を出た母親が2歳と0歳の兄弟と車中泊繰り返す」

「警察から午前1時頃、15歳男児が『父親に殴られた』と交番に駆け込んできたとの通告。何発殴られたか分からないが、唇が腫れている」……。

2017年6月下旬、倉敷児童相談所（岡山県倉敷市）の会議室。虐待家庭の資料が詰まった分厚いファイルが積み上げられた机を囲んで、直近1週間で同児相に寄せられた0～17歳の子ども23人に関する虐待通告の説明が続いていた。

「一時保護」で子どもを親から強制的に離すべきかどうか。今後の親子の生活をどう支えるか。会議では、同児相のケースワーカーが受理した虐待通告の概要を説明し、集まった児童福祉司、児童心理司、保健師ら職員約30人で議論しながら、子ども一人ひとりについて対応を決めていく。

「とりあえず、定期的に家庭訪問して、親子の話を聞きながら対応していきたいと思っています。里親の利用も検討していきます」

女性ケースワーカーが、母親からのネグレクト（育児放棄）と身体的虐待が疑われる小学生の女

児についての今後の対応方針を説明し終えると、間髪を入れず、会議室に大きな声が響いた。「心理司の意見は？」。机に向かって時折腕を組み、じっとやりとりを聞いていた所長の浅田浩司さん（54）だ。

「（女児は）両親の夫婦関係をうまくいかせるために動いていて、自分の気持ちを話せないでいる状態。しんどいところだと思います」。発言を求められた児童心理司の男性職員の説明を聞くと、浅田さんは力を込めてこう主張した。

「本当に今の環境で、この子を守れるのか。父親、祖父母がどれだけ協力できるのか。もっと強めの介入が必要かもしれん。予想外のトラブルを想定して準備を進めるべきだ」

女児に対しては、職権での一時保護を含めて、検討することが決まった。

約3時間にわたる会議に、終始、厳しい表情で臨んでいた浅田さんには、忘れられない記憶がある。

この会議からさかのぼること10年、07年の正月のことだ。

「あの子が死んでしまった」。仕事始めの前の日にかかってきた上司からの電話に、当時、同児相で現場職員の統括役だった浅田さんは言葉を失った。前年の春から担当していた4歳の男児が亡くなったという連絡だった。

振り返れば、予兆はあったと思う。年末に「母親が『子どもの首を絞めてしまった』と話している」との通告が幼稚園から寄せられていた。別の職員が家庭訪問したが、母子が外出中で会えなかった。同じ頃、浅田さんは0歳児が虐待されたという別の通告に対応し、一時保護した後に預ける乳児院の確保に追われていて、この母親とは面会ができないまま年を越した。

心に少し引っかかったものの、浅田さんは、母親がそれまでに市の窓口などに「子どもをたたきそうだ」「家から閉め出した」などと頻繁に相談していたことから、「虐待してしまいそうになったら自分から相談してくるはずだ」とも考えていた。年明けすぐに家庭訪問し、さらなる対応を検討しようと思っていたところだった。

しかし、浅田さんの対応を待たず、男児は母と2人きりの自宅で唐辛子を口に入れられ、窒息死した。男児は、虐待を理由に過去に児相に保護されたことがあり、男児の兄は保護されたまま、自宅に戻されずにいた中での事件だった。

「幼い命をなぜ守れなかったのか」

「児童相談所が虐待を見逃した」

「殺したのはお前らだ」

事件が報道されると、批判の電話が全国から殺到した。

鳴りやまない電話の中、浅田さんはショックで頭が真っ白になっていた。

明確な身体的虐待はないが、ネグレクト（育児放棄）の傾向が強いという、対応の難しいケースだとは分かっていた。細心の注意を払ったつもりだったが、一方で母親とはコミュニケーションが取れているという思いもあった。これが慢心につながったのだと批判されたら、返す言葉は思い浮かばなかった。

自分は何かを見落としていた可能性がある。であれば、担当している他のケースでも、同じような結果になってしまうのではないか――。そう思うと怖くなり、児相の倉庫に徹夜で籠もった。すべての家庭の資料を読み返し、改めてチェックしても、「この子らも死んでしまうのではないか」という不安は消せなかった。

母親の精神状態が不安定、きょうだいを保護している、保護した後に自宅に戻した……。この事件との共通項を抱える家庭は無数にあった。１００か所以上の家庭を訪問し、子どもの安全を確認する日々が続いた。夜になっても、気になる子の姿が浮かんで、眠れない。虐待の情報が寄せられる家庭は、すべて何らかのリスクが潜んでいるように見えた。

そして、一時は、ほんのわずかなリスクでも、子を親から離す保護を選択した。浅田さんだけでなく、県内、いや全国の児相全体が、そうした傾向を強めていった。

しかし、一方で、保護ですべてが解決しなかった事例もあった。

母親からの暴力で保護した小学生の姉妹は、児童養護施設で暮らしている間に母親が亡くなった。浅田さんによると、２人は18歳になる前に施設を出たが、貯金も行き場所もなく、貧しい生活を強いられたという。

児相の権限で保護を継続できるのは、原則として子どもが18歳になるまでだ。自宅や家族といった生活の基盤を持たずに社会に出ていかざるを得ない子どもも多い。

保護された後に家庭に戻った子を愛せないという実親、希望しても大学に進学できない施設出身の子どもたち、「実の子ではない」と里親から告知を受けた子の葛藤……。虐待で保護された後、施設や里親家庭で育ちながら様々な苦労に直面した子が成人後、「自分の子は施設に入れたくない」と語り、「絶対に親と同じことはしない」と言いながら、わが子を虐待してしまう。そんな「負の連鎖」を、浅田さんは繰り返し目にしてきた。

児童相談所の会議で職員らと虐待通告への対応を話し合う浅田浩司さん（奥）

虐待通告があるたび、児相は難しい判断を迫られるが、浅田さんの考えは、親子が一緒に暮らす道をギリギリまで探りつつ、虐待の危険性を冷静に見極めること。これを基本線としてきた。

ともに虐待対応に当たる部下の女性保健師（46）から見れば、浅田さんは「誰よりも危機感が強く、いつも最悪の事態を考えている」存在という。

そんな浅田さんは、今でも「事件」の恐怖感を拭えないままだ。緊急の対応に備え、早朝から深夜まで職場から離れず、会合などがなければ飲酒もしない。そして、すべての子どもを保護することで解決が図れるわけではないこともわかっている。

部下には、自戒の思いも込め、いつもこう説いている。

「我々は専門家である以上、『精いっぱいやった』ではダメだ。子どもを救えなければ意味がない」

救うのは、子どもの命であり、人生。10年前のつらい経験を経て、その思いが揺らぐことはなくなった。

◆

児童虐待で子どもが命を落とす悲劇は、今も全国各地で後を絶たない。死亡例は、都道府県や政令市など、児童相談所を設置する自治体が２０１２～15年度に把握しただけで２５５件に上る。

なぜ救えなかったのか。

それを考えるうえで、まずは死亡に至った事例の検証が欠かせないが、読売新聞が17年に調査をしたところ、事例２５５件のうち、自治体が検証を実施していたのは5割にとどまっていた。厚生労働省は、児相を設置する全69自治体にすべての死亡事例を検証するよう求めているが、警察など関係機関との情報共有の難しさや職員の不足などから検証が進んでいないのが実態だった。

児童虐待防止法は、国と自治体が重大な虐待事例を検証するよう規定しており、厚労省は11年、自治体にすべての虐待死事例を検証するよう通知した。読売新聞は17年6～7月、これらの69自治体に通知後の検証状況をアンケート調査し、すべての自治体から回答を得た。その結果、15年度までの4年間に自治体が把握した死亡事例（心中を含む）計２５５件（死者２９１人）のうち、検証が実施されたのは51％にあたる１３０件（同１４７人）。また、虐待死があったと回答した56自治体のうち、６割以上の35自治体で未検証の事例があった。

その理由（複数回答）としては、「判明まで（虐待の相談を受けるなど）行政の関与がなかった」（26自治体）、「警察や病院など関係機関から情報が得られない」（7自治体）などの回答が目立った。一方で、神奈川県や長野県、大分県などは、虐待が判明するまで行政の関与がなかった事案も、医療機関などから情報を得て検証を行っており、取り組みに差が見られた。

検証率向上のため国に求める対策（複数回答）としては、「警察などから情報を得る仕組み作り」（36自治体）、「検証を行うための人手・予算の確保」（32自治体）などが挙がった。

死亡事例の検証に数多く携わる奥山眞紀子・国立成育医療研究センターこころの診療部長は、「検証率5割は低すぎる。亡くなった子どもの死を無駄にしないためには、自治体がなぜ関与できなかったのかを含め真摯《しんし》に検証することが重要だ」と指摘している。

◆

〈もうパパとママにいわれなくても　しっかりとじぶんから　きょうよりかもっともっと　あ

したはできるようにするから　もうおねがい　ゆるして　ゆるしてください　おねがいします
ほんとうにもうおなじことはしません　ゆるして　きのうぜんぜんできてなかったこと　これまでまいにちやってきたことをなおす
これまでどんだけあほみたいにあそんだか　あそぶってあほみたいだから　やめるから　もうぜったいぜったいやらないからね　ぜったいやくそくします　あしたのあさはぜったいにやるんだとおもって　いっしょうけんめいやるぞ〉
平仮名ばかりのノートには、両親に許しを請う言葉がつづられていた。
書いたのは、2018年3月、東京都目黒区で両親から虐待を受けた末に亡くなった船戸結愛ちゃん（当時5歳）。その年齢とは不釣り合いな少し大人びた印象を与える言葉が、まだ幼い結愛ちゃんが抱えた苦しみの大きさを物語り、社会に大きな衝撃を与えた。
十分な食事を与えられず、低栄養状態で引き起こされた肺炎による敗血症で亡くなった結愛ちゃんもまた、以前に住んでいた香川県で児相に一時保護され、自宅に戻った後に東京に転居して、被害に遭った。
結愛ちゃんの事件がなぜ起きたのか。防ぐすべはあったのではないか。厚生労働省が、虐待リスクの見極めや情報共有に不備があったとする検証結果を公表してからわずか3か月後の19年1月、今度は千葉県野田市で同じような事件が起きた。小学4年生の栗原心愛《みあ》さん（当時10歳）が自宅で死亡し、その父親が虐待したとして逮捕されたのだ。

心愛さんは、亡くなる1年以上前、学校のいじめアンケートでSOSを発していた。

「お父さんにぼう力を受けています。夜中に起こされたり、起きているときにけられたりたたかれたりされています。先生、どうにかできませんか」

助けを求める心愛さんを児童相談所はいったん保護したが、約3か月後に自宅に戻した。その直前に児相職員と向き合った父親は「父と娘を会わせない法的根拠はあるか」などと、心愛さんを戻すよう威迫的に要求したという。児相は自宅に戻した理由を「保護者の拒否感が強い中、学校できちんと見ていただこうという形になった」と説明した。

やはり、というべきか、児相の「他力本願」は通じなかった。自宅に戻ってから1年もたたないうちに亡くなった心愛さん。暴力を振るった疑いがあるとして逮捕された父親には、真冬の浴室で心愛さんに冷水のシャワーをかけた疑いも浮上した。

結愛ちゃんも、心愛さんも、一度は虐待を理由に保護された後、再び自宅で親と暮らした末に、その幼い命を奪われた。児相は、虐待が繰り返される可能性を把握しながら、2人の家庭に潜んでいた危険性を見極め、適切に対処することができなかった。

繰り返される悲劇に、政府も何度目かの「抜本策」を打ち出した。22年度までに、児童相談所で相談に応じたり必要な指導を行ったりする児童福祉司を約２０００人増やし、現在の１・６倍にする計画を発表。専門性を高めるため、児童福祉司に任用する要件の厳格化を検討することを打ち出し、支援する職員の質量の充実を図るとした。さらに、児相が子どもを保護せずに在宅で指導しているすべての虐待事案について、子どもの安全を緊急点検した。

しかし、これがどれだけの「結果」につながるのかは未知数だ。

親や親族によって幼い命が奪われる悲劇の連鎖を、どうすれば断つことができるのか。子に手を上げ、傷つける可能性がある親に対し、児相はどう対応するべきなのか。「保護」の判断に抵抗する親に対する児相の権限は現状で十分なのか。警察や裁判所など他の機関ができること、地域社会や、それを構成する私たち一人ひとりがもっと関われることはないのか――。

これらの古くて新しい課題に対する答えを、行政も社会も、そろそろ見いださなければならない時期に来ている。

孤立の果てに、3歳児虐待死

2016年1月初旬の未明。0度近くまで冷え込んだ埼玉県南部のアパートの浴室に、3歳の女児の小さな体が、冷たくなって横たわっていた。

死亡時の体重は、1歳半児並みの9・7キロ。その頭部には、毛髪が円形に抜けた箇所が複数あった。

遺体を司法解剖した男性医師は、心臓のごく近くにある胸腺が、本来の10分の1程度に縮んでいることに目を奪われた。胸腺は強いストレスを受けると縮み、体の免疫力を低下させる。

「これほど萎縮《いしゅく》した胸腺は見たことがない」

内縁の夫とともに、約4か月間の虐待の末に女児を死なせたとして保護責任者遺棄致死や暴行などの罪で起訴された実母（24）（懲役13年が確定）を裁く法廷で、医師は言い切った。

18歳で長女を出産後、この女児を妊娠中に離婚した実母は、娘を抱えて自分の母親宅に身を寄せ、夜は飲食店で働くようになる。

この店で知り合った内縁の夫（26）（同12年6月が確定）と15年の3月に交際を開始。女児は初対面の日から、内縁の夫の膝の上に乗ってきたという。この年の5月には、新しいアパートで長女と女児との4人で暮らし始めた。

人形遊びやシャボン玉が好きで、近くの公園ではいつまでも遊具で遊んでいたという女児への虐待が始まったのは、それから4か月ほど過ぎた頃。聞き分けのよい長女と比べ、まだ幼い女児の泣き声が耳障りだった。

「いつも以上にうるさい」「『口』やってるから、まだましっしょ」

2人は携帯電話の無料通話アプリ「LINE（ライン）」で虐待の内容をやりとりした。「口」とは女児の口に布を入れ、テープで固定すること。「犬みたいにつないでみたらいいじゃん」。実母の提案で、女児の首に鎖を巻いて押し入れに閉じこめた。食事は1日1食、それすらない日もあった。

内縁の夫は、妻である実母が友人らと会うことを嫌った。実母は自身の公判で、「嫉妬、束縛が激しく、外に行かなくなった」と述べた。一方の実母も、内縁の夫が自分の両親らに会うことをよく思わなかった。内縁の夫は拘置所からの記者への手紙で「（自分の）両親は交際に反対しており、（実母は）そんな両親に会うだけで不機嫌になった」と明かしている。

互いが相手に家族や友人との付き合いを避けるよう求めた結果、一家の外部との接点は極めて乏しくなっていた。冬になると、それまで一家を定期的に訪問していた実母の母親とも疎遠になった。1審判決から約10日後、拘置所で面会に応じた内縁の夫は、「（女児を）一番に考えてやれなかった。よくないとは思ったが、仲の良い友達もいないし、話しにくいことだから、誰かに話そうという気持ちはなかった」「自分の実の子だったら、こんなことはやっていないと思う」などと語った。

実母の知人女性（22）は、女児の顔の傷や、長時間正座をさせられた時の実の母親へのおびえるようなしぐさを覚えている。抱っこしてあげた時に「軽い」と感じたこともあった。でも、「まさか自分の子どもを死なすとは思わなかった」。だから、児童相談所などへの通告には至らなかった。一家のアパートの隣で商店を営む男性（66）も、泣き声はよく聞いていた。ただ、「子どもが泣くことはよくあるし、通告しようと思わなかった」という。

死亡直前の女児は、栄養不良などで相当に弱ってはいたが、「死亡3〜4日前の時点で医師が治療すれば十分救命可能」（実母の確定判決）だった。

実母の母親も、女児の唇の腫れに気づいていた。内縁の夫と別れるよう説得しても聞き入れない娘に業を煮やし、一家と距離を置いたことを今も悔やむ。

今、孫である長女を引き取って暮らす母親は、娘の公判に出廷し、こう述べた。「押しかけてでも家に行くべきでした」。内縁の夫の両親も、取材に対し「一度でも家に行くべきだった。後悔している」とうなだれた。

メモ
2000年に施行された児童虐待防止法は、市民に虐待を受けた児童を発見した場合に児童相談所などに通告するよう義務付けたが、通告されず事件に至る事例が相次ぎ、04年に虐待の疑いがあれば通告するよう、義務の対象が拡大された。

14年度の世論調査では約6割が通告義務を「知っている」と回答した。しかし、同年度の虐待死事例43件（心中除く）で通告があったのは7件だけ。浸透しない背景には、確信がないまま通告することへのためらいがあるとみられる。政府は15年、児童虐待を通告するための共通電話番号「189（いち早く）」を導入し、積極的な通告を呼びかけている。

障害のある次男に優しくなれず

日本海に面した静かな港町。2017年6月、波音とカモメの鳴く声だけが響く海辺を歩きながら、女性(45)はつぶやいた。「何もない街だから、散歩に海水浴と、昔から息子たちと遊んだのはいつもここだった」。

女性は、ここから十数キロ離れた、見知らぬ土地のアパートで一人で暮らす。この3年間、中学生の次男と高校生の長男に会えたのは10回にも満たない。その際には、必ず児童相談所の職員が立ち会うことになっている。最近、電話を自由にかけられるようになったことがうれしい。

この3年前、事件を起こした頃は、他の子とは異なる次男の言動に冷静さを失い、ストレスをため込んでいた。


夫と離婚後、働きながら2人の息子を育てていた女性の次男には、幼少期から気になる点があった。落ち着きがなく、音に過敏に反応する。片づけなど、自分が嫌なことは絶対にやろうとしなかった。小学校に入学直後、発達障害と診断された。「勉強や遊びに集中できない」、「気に入らないと感情的になる」など、発達障害の知識を本やインターネットで詰め込んだが、女性にはピンとこなかった。会話は普通にできるし、知能面の遅れも感じない。「この子が障害? 普通に育っているのに」と思えた。治療も投薬も納得できなかった。「見た目にはほかの子と変わりがないから、軽く考えていたのかもしれない」と当時を振り返る。

ただ次男は、集団登校が苦手で、徐々に学校を休む日が増えた。女性は「なぜこの子だけ普通のことができないのか。やる気がないのか」といら立ちを募らせた。次男の障害を「小さな違い」程度にしか考えていなかったからだろうか、次男の行動の意味が理解できなかった。

息子たちと遊んだ海辺で、波間を見つめる女性

女性は気持ちが不安定になることが増えた。深夜に飲酒を重ね、さらにストレスがたまる。それでも「ママ、ママ」と甘えてくる次男に「うるさい、黙れ」と叫び、食器を投げつけた。次男に怒りの意味が伝わっているのかもわからなかった。子どもたちは次第に、同居の祖母を頼るようになる。そんな姿を見るたびに「何もできない、だめな母親だ」と一層自分を責めた。発達障害児を持つ親の対応について、本やネットに「やさしく接する」「怒らない」などとあることを思い出すたび、「私は全然できていない」と自己嫌悪が募った。

悩みを吐露した医師には「頑張りましょう」と励まされ、

母親からは「優しく声をかければいい」と助言された。「分かってる。そうしたいけど、できないんだよ」。下を向くしかなかった。悩みを打ち明けることができる人は、近くにいなかった。

「これから子どもたちとどうやって生活していけばいいのか。一緒に死ねば楽になれる」――。いつしか、そんな思いが心を支配するようになった。

14年3月の夕方。自宅でゲームをしながらお菓子を食べてくつろぐ次男を見て、たまっていたものが爆発した。「こっちの気も知らないで」「全部、終わりにしたい」。背中にまたがり、ロープで首を絞めたが、長男に制止され、次男は逃げ出した。部屋には次男の鼻血と、逃げ出す後ろ姿の残像だけが残った。「許されないことをしてしまった」――。

直後、我に返り、自ら110番通報した。

殺人未遂罪に問われた女性の裁判で、検察側は「執拗で危険な犯行。次男の精神的苦痛も大きい」と追及した。ただ同年11月の判決は、次男の発達障害に触れながら、「子育てに相当のストレスを感じていた」と指摘。けがが軽かったことや自首をしたことも考慮し、執行猶予付きの有罪とした。

判決後、児相は息子たちの安全を優先し、別々に暮らすよう女性を指導した。女性が再び一緒に暮らせるようになるには、「もう息子たちを傷つける危険はなくなった」と児相が判断することが前提となる。

一人きりとなった女性は、家族一緒に暮らす幸せを痛感した。そして、子どもの気持ちを受け止めてやれていなかったことにも気づく。もう酒に逃げることはやめようと決めた。

多くの発達障害児やその家族の支援に携わる渡辺隆・福島大教授（臨床心理学）は、この女性のケースについて、「怒るだけでは子どもに意図が伝わらないが、それを理解できていなかったのではないか」と分析。「（次男のような）子どもの特性を知っていれば、精神的な負担は相当減っていた」とした上で、「子どもとの適切な接し方を理解し、必要なときに専門家から助言を得られれば、また一緒に暮らすことは可能だろう」と指摘する。

女性が次男と再会できたのは、事件から1年後。悩んだ末、「あんなに痛いことをしてごめん」と謝った。謝罪を断られることも覚悟していたが、次男は、「うん、いいよ」と言ってくれた。次男はすぐに、普段の学校生活などについて、以前と同じように話してくれるようになった。電話で「ご飯食べたよ」、「今日はあまり眠れないんだ」などと話してくれる機会も増えていった。そうした声を聞くたびにいとおしさを覚えるとともに、事件の日のことを思い出しては「なんてひどいことをしてしまったんだ」と反省を深めている。

以前は学校を休むと腹が立ったが、最近はそう聞いても、「明日は行けるといいね」と声をかけてあげられる。「声を荒らげまい」と意識しているうちに、いつしか自然にそれができるようになった。「子どもの障害と向き合えば、きちんと話を聞けることがわかった。私も変われていると思う。元気に生きていればきっといつか、一緒に生活できる日も来る。そうなったときに、子どもの将来をサポートできる母親になりたい」。

次男は長男と一緒に、祖母である女性の母親と暮らす。女性の母親は記者の取材に、「孫はまた4人で暮らすことを希望している。娘はいろいろことが重なり、育てることを重荷と感じてしまったんだと思う。子どもたちは曲がることなくまっすぐ育っている。焦らず、今の努力を続けてほしい」と話した。

メモ

発達障害の子どもには様々なタイプがあるが、意思疎通が難しかったり、衝動的な行動を起こしたりして、親の負担が増えることが多い。虐待相談として児童相談所が受理した子どもの半数近くに、発達障害や知的障害などがあったとする厚生労働省の調査結果もある。

こうした中で、発達障害の子を持つ親を支援する取り組みも広がっている。子どもの行動を受け入れ、積極的に褒めることで親子が前向きに生活できるよう後押しする「ペアレント・プログラム」などで、国の発達障害情報・支援センターによると、同プログラムを導入しているのは2016年6月時点で全国25都府県に上る。

孫の世話、妻に任せきりにした後悔

「異変に気づいてやれなかった」「私たちが追い込んでしまった」――。幼い子が家庭内で傷つけられ、犠牲になるなどした事件では、残された加害者の家族が大きな苦悩に直面している。

中国地方に住む男性（62）の妻（51）は２０１６年、１歳だった孫娘を激しく揺さぶるなどして重いけがを負わせたとする傷害罪で懲役1年6月の実刑判決を受け、確定した。

この年の4月、3人目の子を出産した長女（23）の育児負担を減らそうと、妻は孫娘の世話を買って出た。この1年半前から2歳の姉も預かっていたが、「20歳を過ぎたばかりの娘が2人の子どもの面倒を見るのは大変だろう」と考えた男性は、妻に相談。妻が孫2人を同時に世話することになった。

妻は3人の子を育て、子どもたちが中高生の頃は、毎日自宅から学校まで車で送迎する生活を10年近く続けた。妻を信頼しきっていた男性には、孫娘の世話も「決して難しいことではない」と思えた。

だが、10日ほど過ぎた頃、朝食中に突然妻が孫娘の頭を平手でたたくのを目撃した。結婚してから妻が誰かに暴力を振るう姿を見たのは初めてだった。

「たたいたらいけない」。そう注意したが、その後も夕食時に「早く食べな」とどなり声を上げるなど、妻がいら立つ様子を目にすることが多くなった。

結婚して20年余、子どもの送迎を終えて自宅に戻るのが未明や深夜になることもあったが、妻は家事や育児で愚痴をこぼしたこともなかった。驚いた男性は、5月上旬、長女に「お母さんはもう限界みたいだ。一人でもいいから連れて帰ってくれ」と孫娘を引き取るよう連絡。だが、妻は自ら長女に連絡し、「大丈夫だから。私が面倒見るから」とこれを制した。

事件は、表面上は妻の様子が元に戻り、安心していた5月半ばの昼過ぎに起きた。男性の外出中、妻はオムツ交換中に泣きやまない孫娘の頭を拳骨や平手で数回たたき、体を持ち上げて上下左右に激しく揺さぶった。翌朝、目を閉じたまま体が硬直している孫娘を発見した男性は、長女と一緒に孫娘を病院に連れて行った。

「虐待の可能性がある」と病院から指摘された時、男性の頭には1か月前の妻の暴力が頭をよぎったが、それでも信じられない思いだった。駆けつけた警察から、妻は今どこにいるのかと聞かれ、「自宅にいる」と伝えた。妻は傷害容疑で逮捕された。

病院に連れて行く前、妻は特に何も言わなかった。逮捕後、男性が面会を重ねても、妻は「申し訳ありません」と繰り返すだけ。法廷で「泣きやまず、懐かないのでイライラした」と語るのを聞き、男性は初めて妻の気持ちを知った。

孫娘は意識不明となり、一命は取り留めたが、体に重い後遺症が残った。自らの力で起きあがることも、言葉を発することもできなくなった。

「妻に甘え、任せきりにしすぎた。当時は児童相談所に連絡しようという頭がまったくなかった。おかしいと思った時、すぐに誰かに相談するべきだったのに」

妻も孫娘もいなくなった自宅の玄関先で、男性は力なく話した。

「祖父母ら家族が同居していたり、近くに住んでいたりすることで虐待のリスクは下がる。ただ、すべてを防げるわけではない」

こう話すのは、元児童相談所所長で、数多くの虐待死事例の検証に関わってきたＮＰＯ法人「児童虐待防止協会」（大阪市）理事長の津崎哲郎さん（73）だ。

津崎さんは、「虐待の兆候があっても、家族ゆえに気づきにくいこともある」と指摘。多くは「虐待は非道な親がすることで、身の回りで起きるものではない」と考えがちで、その結果、「兆候を虐待と結びつけずにやり過ごしたり、悩む親にとって重圧となる言動をしてしまったりすることが起こりうる」という。

津崎さんは、「親であれば誰もが感じる育児不安やいら立ちなどの延長線上に虐待が起きるということを、身近な家族も理解する必要がある」と話した。

父からの性的虐待に18年間苦しみ続けて

児童虐待の中でも被害が表面化しにくく、心に深刻な傷を残すのが性的虐待だ。被害を打ち明けられないまま、苦しむ被害者もいる。

「暗闇のどん底にいるみたいだった」。27歳までの18年間、実父から性被害を受け続けた女性(44)にとって、両親と暮らした日々は忌まわしい過去だ。

東日本の片田舎で育った父親は「返事がない」などささいなことで激高し、母親や子に当たり散らした。ベルトやハンガーで殴られ、背中がみみず腫れになった。働いていた母親は、家にいないことが多かったという。

初めて被害に遭ったのは9歳の時。学校から帰って昼寝していた時、下半身を触られた。以降、父親は、家族のいない時間に忍び寄ってきた。従わないと髪の毛をつかんで引きずり回され、顔を何発も殴られた。「誰にも言うな。話したら、お前も家族も死ぬしかない」と口止めされ、毎週のように苦しめられた。

母親が家を空けるたび、恐怖におびえた。女性は「家では笑った記憶がないし、食事をしても味を感じなかった」と振り返る。

小学5年生の時、耐えきれず、母親に被害を打ち明けた。だが、母親は、父親の「もうしない」という言葉を信じ、「なかったこと」にした。その後も被害は続いたが、母親は「見ないふり」を続けた。

救いは家から出られる学校だけだったが、友人には殴られたことは話せても、性被害は明かせなかった。16歳の時、初めてできた恋人に話したが、本当だとは思ってもらえなかった。

父親に触られた体が汚く感じられ、自分は生きている価値がないと思った。自分が死ぬか、父親を殺すか。思い詰め、何度も包丁を手首に当てたが、踏み切れなかった。

さらに被害が続いていた20歳代前半の頃、勤務先で、父親から性的虐待を受けたという被害者の話が載った週刊誌の記事を見つけ、「私と同じだ」と思った。４年間悩んだ末、記事にあった支援団体に「助けてください」と手紙を書くと、すぐに電話が来た。

「家を出なさい。あなたのお父さんは犯罪者だよ」。初対面でそう言ってくれたのは、自身も性的虐待の被害者で虐待被害者の支援事業を行う一般社団法人「ＷＡＮＡ関西」（大阪市）代表理事の藤木美奈子さん（58）。被害を受け止め、「おかしい」と言ってくれた人は初めてだった。１か月後、黙って家を飛び出した。

その後、藤木さんのもとに身を寄せ、住まいや仕事を見つけた。その少し前、ずっと寄り添い続けてくれる新しい恋人もできた。被害に憤り、「本当に大変だったね」と長い苦しみを受け止めてくれた恋人と、女性は35歳で結婚。今は2人の子に恵まれ、はしゃいだ笑顔や静かな寝顔に幸せを感じる。

それでも、時折、父親に襲われる夢を見る。父親も母親も許せないが、昔のような憎しみから、哀れみの感情に変わってきた。安心できる居場所ができ、暴力によるゆがんだ関係しか結べなかった家族の悲しさも、少しだけ分かったからだ。

実家を離れた後、手にするようになった聖書を読み返す女性。今でもつらくなるとページをめくる

「あなたの家族、いつも笑ってるね」。女性は最近、友人にこう言われたという。心から笑えなかった人生が、変わってきたと感じる。今も同じような被害に遭っている人に伝えたい。「助けてくれる大人が必ずいる。勇気を出して逃げて、助けを求めてほしい」と。

性的虐待被害者の心のケアを行っている西澤哲・山梨県立大教授（臨床心理学）は、「親らによる性的虐待の目的は、性的欲求を満たすことと考えられがちだが、実際は相手を支配したいという欲求が動機になっていることが多い」と分析する。

中学生の養女への強姦《ごうかん》罪などで２０１５年に実刑判決を受けた40歳代男性は、近畿地方の刑務所で取材に応じ、「反抗する娘を許せず、痛めつける手段としてやってしまった」と語った。男性は、養女が小学生の時に妻と結婚。思春期になるにつれ、生活態度を叱っても言うことを聞かなくなり、殴るとともに性的虐待を行うようになったという。

15年度に児童相談所が対応した性的虐待の相談は１５２１件で、相談全体の１・５％。西澤教授は「欧米では性的虐待が１～２割を占めており、日本でも多くの被害が表面化していない可能性がある」と指摘している。

「安心できる居場所」里親がくれた

暴力や育児放棄などの虐待を受け、親らと一緒に暮らしていない子どもは全国で2万人を超える。この子どもたちの受け皿となって支えているのが、里親や児童養護施設などの「社会的養護」だ。

東京都八王子市の大学4年生、針谷広己《ひろき》さん（21）には、実の親の記憶がない。未婚で広己さんを出産した母親は育児を放棄し、児童相談所に保護された時には、ゴミだらけの部屋の冷蔵庫の中身はチョコレートだけだった、と後から聞いた。

おぼろげに覚えているのは、4歳で新しい家に来た日が暑かったことと、お気に入りのTシャツを着ていたことぐらいだ。里親となった坂本洋子さん（60）によると、引き取った当時の広己さんは「手足がかなり細く、おなかだけ出ていた。栄養状態が悪いことがすぐにわかった」。

坂本さんは、夫とともに里親になって30年以上の「ベテラン」だ。これまで17人の様々な子どもたちを受け入れてきた。中でも広己さんは、家庭になじむのに時間がかかったという。

坂本家に来た当初、広己さんは言葉を発しなかった。坂本さんを「お母さん」と呼ぶようになってからも、気にくわないことがあると暴れて坂本さんの腕にかみつくこともあった。他人におびえ、小学校でも最初は先生と手をつながないと教室に入れなかった。落ち着きがなく、お菓子や果物を食べ続けるといった過食もみられたという。

それでも、同居する似た境遇の年上の里子３人が優しく世話してくれるうちに、少しずつ笑えるようになっていった。１歳年上の兄からは勉強をならい、小さな弟たちの世話も熱心にするようになった。友達もできた。

ただ、血のつながった親と暮らしていないことは、自分からは友達に言いだせなかった。「どうして自分はこんなふうに生まれたのか」と落ち込んだこともあった。うまくいかないことがあると、生い立ちの影響で体力や集中力がないからだと強く思い、気持ちが沈んだ。「周りの友達が立っているスタートラインより、はるか後ろにいるように感じていた」。

台所で里親の坂本洋子さん（右）の手伝いをする針谷広己さん。壁には知人が描いた2人の似顔絵が貼られていた

転機は高校2年の時だった。坂本さんの勧めで、夏休みに参加したスタディーツアーでネパールを訪れた。その日の食べ物も満足にない生活の中でも、現地の子どもたちが楽しげに笑う、生き生きとした表情に、ショックを受けた。「自分はチャンスをもらえている。はい上がらなくちゃ」。

高校卒業後は福祉を学ぼうと、奨学金を得て大学に進学した。公務員などになって、地域全体で子どもを育てる街づくりに携わるという夢もできた。

「ひろくん、お風呂に入れてあげて」「はーい」。今、坂本さん宅で、幼稚園に通う里子をお風呂に入れるのは広己さんの担当だ。日々、小さな弟妹たちが成長していくのを見るのが、楽しみだという。自分がしてもらったように、一人ひとりの子どもに向き合い、それぞれが持っている力を伸ばしていくことが大切だと感じている。

一緒にご飯を食べ、お風呂に入り、笑いあう。広己さんは、坂本さん宅で暮らしてきたことで、ごく普通の家庭の営みがもたらす安心感を知った。

同じような境遇でも、子どもと里親の相性が合わず、他の里親や施設を転々とせざるを得ないケースもある。広己さんは、「安心できる居場所ができたことで人生が変わった。お母さんには本当に感謝しています。もっと厳しい人生を歩む子どもたちもたくさんいるから、より多くの受け皿が整ってほしい」と話す。


広己さんはその後、社会福祉士の資格を取得し、大学を卒業した。西日本の離島の社会福祉協議会に就職し、坂本さんの家を離れて、初めての一人暮らしも始めた。

年末年始も帰省できないほどの忙しさだといい、「仕事は毎日が課題の連続でつらいことも多いけど、周りの人に助けられている」と記者に報告してくれた。そんな広己さんを、坂本さんは遠く離れた東京から見守っている。

関東地方に住む専門学校1年の女性(18)は、4歳で児童養護施設に入った。施設では、職員への暴力などを繰り返した。今考えれば、大人の注意を引こうとしていたのだと思う。「居場所がない」という不安感が、いつもつきまとっていた。

小学生の頃、一時は母親と暮らしていたが、母親は女性に暴力を振るい、女性はまた施設に戻った。

自暴自棄だった中学3年の時、施設職員から「あなたの怒り方はお母さんにそっくりだよ」と言われ、あんなに嫌いだった暴力を自分も振るっていることに気づかされた。そして、自分を受け止めてくれる職員もいることが分かり、うれしかった。

2017年夏、女性は横浜市で開かれた、施設出身者によるスピーチコンテストに出場した。どんなにつらくても、居場所はきっと見つかるよ――。自分と同じように苦しむ子どもたちに、一番伝えたかったことだ。

今、女性は、施設出身者らと共同で暮らしながら、児童養護施設の職員を目指して勉強中だ。女性は「支えてくれる人がいて『自分は一人ではない』と気づくことができた。今度は自分が、子どもに寄り添う大人になりたい」と話した。

第4部　気づかれぬ死

孤立死――廃業で生きがいを失い

2017年の9月に入って間もない日の昼前。高級ブティックやレストランなどが立ち並ぶ東京・南青山の一角にある築40年超のマンションの一室に警察官が入ると、事務机と本棚の奥に敷かれた布団にうつぶせに横たわる男性の姿があった。

ポストに郵便物がたまっていることに気づいたマンションの管理人が、所在を確認しようと部屋の前まで行き、異臭を感じたという。

厳しい残暑が続く中、室内のエアコンのスイッチは切られたまま、再開発地区で建設が進むガラス張りの高層ビルが見える窓からは、強い日差しが照りつけていた。

警察が調べた結果、男性は約1週間前に病死したとみられることがわかった。布団には、男性の遺体と重なる形で赤黒い染みが付着していた。遺体の確認のために警察署に駆けつけた男性の3歳上の兄（71）は、警察官から「遺体の傷みが進んでいて、死因も身元もはっきりしない」と告げられた。身元の特定に必要なDNA鑑定のため、兄はその場で唾液を採取された。事件性はないと判断されたが、熱中症なのか持病なのか、結局、死因ははっきりしなかった。

発見から約10日後、遺品整理業者とこの部屋を訪れた兄は、机の上のパソコン、コピー機などの近くに散乱していたメモ用紙に目をとめた。

「何もやる気がない」「賀状も出さなかった」「客も忘れた　友人も忘れた」「家の方向も忘れることがある」

男性の筆跡だった。広さ約25平方メートルの室内には、ビールやチューハイの空き缶が転がり、冷蔵庫の中に残っていたのは飲み物と湿布だけだった。

「たまに会うと、愚痴ばかりだった。もっと手を差しのべていれば……」。男性が亡くなった直後に取材に応じた兄はそう話し、肩を落とした。


男性は、この部屋を事務所兼自宅として旅行業を営んでいた。大手銀行員の三男として東京都心に生まれた男性は、都内の中学、高校を経て、首都圏の国立大学を卒業した。幼なじみの男性(69)は、「秀才で、女性にも人気があった」と話す。

得意の英語を生かして商社に就職した後、30歳代半ばで大手旅行会社に転職し、添乗員として世界を回った。パリの街並み、ウィーンのオペラ、アフリカの草原、北極圏のオーロラ……。兄は、土産話をするときの男性の生き生きとした表情を記憶している。

フランス語やイタリア語も日常会話程度なら使えるようになり、男性は50歳で独立して、個人向けの海外旅行を手がける小さな会社を起こした。ヨーロッパを中心に、自ら現地に下調べに行っては、旅行好きの人が好みそうな場所を見つけ出し、独自のツアーを組む。そんな努力が支持され、リピーターの多い人気のツアーコンダクターとなった。時には、1人数百万円の予算で富裕層向けのツアーを組み、男性もタキシードをまとって高級レストランを楽しむこともあったという。

部屋の本棚には、フランス革命やスペイン内戦、モーツァルト、キリスト教など歴史や音楽に関する書籍のほか、外国語の参考書も数多く並んでいた。自分が企画するツアーに生かそうと、積極的に知識や情報を集めようとしていたことがうかがわれた。

本棚の隣には、国ごとに手作りの資料をまとめたプラスチックケースが天井の高さまで積まれ、遺品からは、各国の紙幣やコインのほか、男性の手に引かれて一緒に世界中を旅した大きなスーツケースも見つかった。

「常連」だった広島県在住の男性(63)は、「日本人が行かないところ」とリクエストすると、城跡の残るドイツの古い街並みで開かれるクリスマスマーケットを案内してくれたことを覚えている。何度もツアーを利用するうちにプライベートでも付き合うようになったという、この常連客は男性を思い起こし、「気配りができ、安心感のある人だった」と語った。

1年の半分は仕事で海外にいた男性は、生涯独身だった。趣味も特になく、兄の目には「仕事一筋」だと映っていた。


そんな男性が、突然、「人や場所を忘れっぽくなり、思い出せない」などと周囲に漏らすようになったのは、亡くなる5年ほど前のことだった。

それまで、顧客の名前も電話番号もすべて暗記していて、手帳を持ち歩く必要がなかった。その分ショックが大きかったのか、「自信を失った」とひどく落ち込んだ。

常連客からの依頼にも「できない」と断るようになり、廃業を決意。最大の生きがいを失い、周囲との関わりは大きく減った。

部屋に残されていた日記には、亡くなる直前までの生活ぶりと心境が記されていた。

「夜酒飲むと夜中起き、酒飲む悪循環」「イライラが続く」「ゆううつな時間の連続」「もうしばらくで大病間違いなし」「朝から夕までふとんの中」……。外食やコンビニで一人の食事を済ませ、夜中や朝に部屋で酒を飲むことが日常になったことが垣間見える。

自虐的な内容が多い中で、「ハッピー」「ビールを買って一缶飲んだ」と書いたことも。久々に知人から連絡があった日だった。久しぶりに近隣住民と言葉を交わした日には、「うれしかった」と書き留めていた。

「独伊方面のツアーしている夢を見た」と現役時代を懐かしんだり、社会とのつながりを探してか、有名人の結婚や訃報、事故などニュースに触れたりする日もあった。

マンションの男性管理人（74）によると、このマンションはオフィスとして使われる部屋も多く、住民間の付き合いは少ない。

管理人は、男性がコンビニへの買い物や散歩、コインランドリーに一人で外出するのをよく見かけたという。マンションの中には家族や友人が来訪する部屋もあるが、男性宅を訪ねて来る人を見

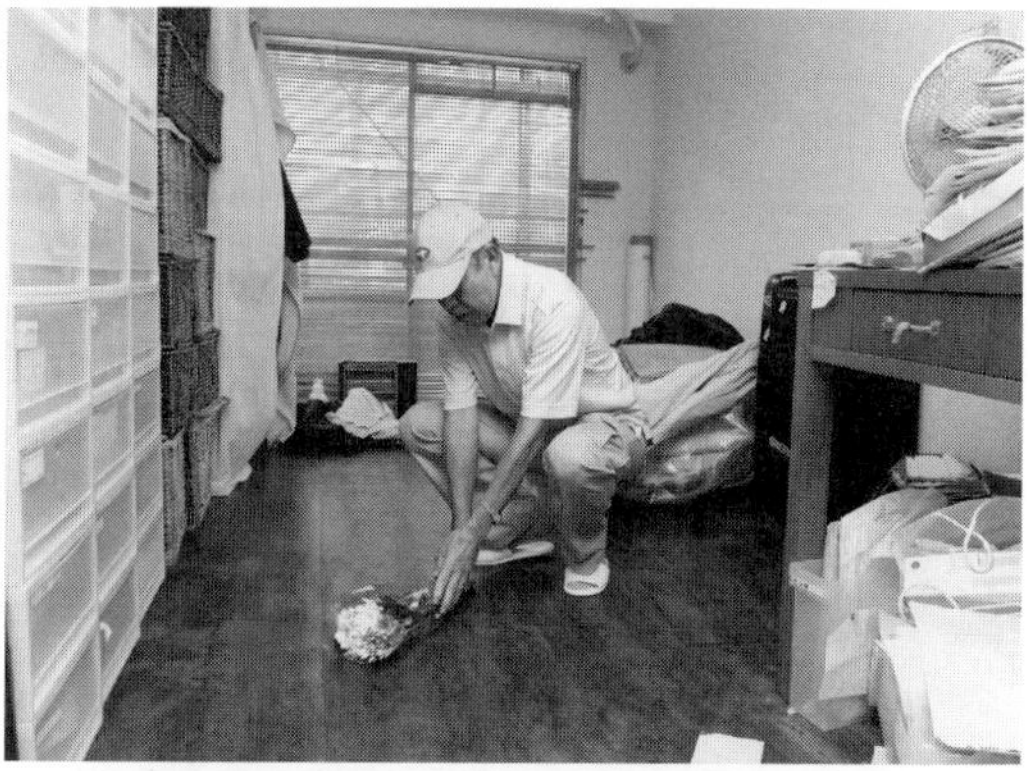

（上）男性が1人で亡くなった部屋を後日訪れ、花を手向ける兄。（下）亡くなった男性の部屋に残されていた日記

た記憶はない。

男性は、管理人とあいさつを交わす際、「ゆっくり話したいね」「今度飲みに行こう」などと誘いの言葉をかけてくることもあった。なかなか都合が合わず、「また今度」などと応じていたが、男性は寂しげな様子だったという。亡くなる1週間ほど前に見かけた際、顔色が悪かったことを覚えているという管理人は、「もう少し早く、体調の変化に気づいてあげられればよかったのだが……」と振り返った。

兄が男性と最後に会ったのは、亡くなる約1か月前。東京・新宿の居酒屋だった。落ち込む男性を「次会う時は新しい話題を持ち寄ろう」と励ましたが、表情は晴れなかった。「日々の自分を見てくれる人がおらず、常に不安だと言っていた」。兄は弟との最後のやりとりを思い返しつつ、妻と死別して一人暮らしとなった自身の境遇に触れ、「私も今、同じ不安を抱えています」と明かした。

◆

このような「孤立死」は、全国でどのくらい起きているのか。

孤立死の法的な定義はなく、国などによる全国規模の公的な統計もない。このため、読売新聞では、全国47都道府県警と、東京23区を管轄エリアに調査、分析を行っている東京都監察医務院への取材で実態に迫るべく試みた。

具体的には、同医務院の定義を参考に、「自宅で死亡し、警察が検視などで関与した独居者（他殺、自殺を除く）」を孤立死と位置づけ、その人数を全国47都道府県の警察本部に確認した。その結果、２０１６年の１年間に誰にも看取られず自宅で亡くなった一人暮らしの人の人数について、同医務院と神奈川、静岡など19道県の警察本部から回答があり、この範囲だけでも、合計で１万７０００人以上に上ることが判明した。

回答を合算した結果、これらの地域で孤立死した人は計１万７４３３人（鳥取、広島、山口の各県警は概数で回答）おり、65歳以上が７割超の１万２７４５人（同）を占めた。全死亡者に占める孤立死者の割合は、およそ30人に１人にあたる約３・５％。これが最も高かったのは東京23区

（5・58％）で、低かったのは佐賀県（2・12％）だった。

19道県と東京23区での全死亡者数は全国の約38％を占めており、これを基に16年の全国での孤立死者数を単純計算すると約4万6000人となる。また、12年以降の孤立死者数が把握できる東京23区と神奈川、静岡、岩手の各県で年ごとの推移をみると、16年の合計人数は12年と比べて計639人（約8％）増えていた。

同医務院のデータを基に、東京23区で16年に孤立死した人の傾向を見ると、性別では男性が7割を占める。最も多かった年代は、男性が65～69歳（約19％）、女性は85歳以上（約29％）だった。死因は全体の約半数が虚血性心不全などの循環器疾患で、多くが突然死とみられる。

孤立死の実態に詳しい日本福祉大の斉藤雅茂准教授（社会福祉学）は、この調査結果について、「孤立死した人の多くは周囲に助けてくれる人がいなかったり、介護などに関する情報を得る機会を失っていたりした可能性が高い。対策の前提として国による全国的な実態把握が必要だ」と話した。

メモ

「孤立死」という言葉は、自宅で誰にも看取られずに亡くなるケースを指すことが多い。明確な定義はなく、遺体発見までの期間や自殺を含むかどうかなどの点で、自治体間でばらつきがある。「孤独死」が使われることもあるが、「孤独」には主観的な意味合いが強く、「故人の心情を判断するのは難しい」との指摘がある。複数人が孤立状態で亡くなることもあり、厚生労働省は「孤立死」を用いている。

２０１５年の国勢調査では、相対的に孤立死のリスクが高くなる一人暮らし世帯が20年前より７００万多い約１８４１万世帯となり、全世帯の３分の1を超えた。結城康博・淑徳大教授（社会福祉学）は、「孤立死はもはや珍しいことではなくなりつつある」と指摘。「社会としても個人としても、孤立死を避けるための対策を考える必要がある」と話している。

老老介護、ＳＯＳが届かず共倒れ

一人暮らしでなくても、周囲に気づかれず孤立した状態で亡くなることがある。中でも、介護を要する高齢者がいる二人暮らしの世帯は、そのリスクと隣り合わせにある。

岩手県南部の山あいにある、人口１００人余りの小さな集落。そのはずれにある家で２０１５年１月９日、２人で暮らしていた母親（当時91歳）と長男（同64歳）が、いずれも死後数日たった状態で見つかった。

ベッドでほぼ寝たきりだった母親は、寝室から数メートル離れた廊下で横たわっていた。その母親を長年献身的に介護していた長男は、壁１枚隔てた部屋で倒れていた。週１回利用していた介護施設に２人が姿を見せないことを不審に思い、家を訪問した介護職員が発見し、警察に通報した。

長男の死因は肝炎で、母親は低体温症。連絡を受けて東京から駆けつけた次男（65）は、警察からそう説明を受けた。長男が急死した後、自力で動けない母親も凍死した可能性が高いと思われた。

「母は兄を探した末に力尽きたのだろう。真冬に、どれだけ寒かったことか」。次男は涙を流した。

近所で評判の仲良し親子は、母親の容体の悪化に伴って、周囲との関わりが少なくなっていった。

独身の長男は、地元の工場勤務などを経て、30歳を過ぎてから近くの牛舎で働いた。長男を雇った畜産業の男性（68）によると、長男は器用で、真面目な仕事ぶりで信頼が厚かった。しかし、働いて10年が過ぎた頃から母親の足腰が弱くなり、面倒を見るため仕事の合間に家に戻るようになった。母親は次第に車椅子なしでは移動ができなくなり、その後はほぼ寝たきりに。長男は仕事中も、一人で家に残る母親のことを心配していた。そして、06年頃、長男は「介護との両立が難しい」と仕事を辞めた。

その後も繁忙期には手伝いを頼んだが、長男が家を空けられるのは1日2時間程度。男性は「食事から排泄まで母親の世話は1人で担っていた。目を離せなかったようだ」と振り返る。

二人が遺体で見つかった10日ほど前、男性の家に長男が訪れ、少しお茶を飲んで帰っていった。長男は「少し歩くと疲れてしまって」と話していたが、男性の目にはいつもとさほど変わらないように見え、特段気にも留めなかったという。

親戚や友人によると、長男は明るく話し好きの性格で、親戚の集まりでは仮装して歌って場を盛り上げ、地域のカラオケ大会で優勝したこともあった。ただ、介護に専念するようになってから、そうした場に顔を出す機会は少なくなった。

2人の家は山の中腹の獣道を、車で5分ほど進んだところにあった。周辺には、以前は3軒の隣家があったが、住人が亡くなったり遠方に引っ越したりしていずれも空き家となり、2人の家が1軒残るのみになっていた。

母親と長男が暮らしていた山あいの家の縁側のそばには、母親が使っていた車椅子が、2人が亡くなった当時のまま残っていた

長男の幼なじみで集落の区長の男性(70)は、「他の地区にある家だったら通りすがりに電気や洗濯物を見て家の様子が分かるが、用事がないと誰も足を運ばない場所になっていた」と悔やむ。「顔見知りしかいない」(住民)集落だったはずなのに、長男の体調悪化に気づいた住民はいなかった。

中学卒業以来、集落を離れて東京で暮らす次男は、2年に1回の帰省や1か月に1度程度の電話では、実家の詳しい状況は知りようがなかった。「兄は心配させるようなことは決して言わなかった。電話をしても、東京で暮らす私を励ましてくれた。連絡がないのは元気な証拠と思い、任せっぱなしにしてしまった」と後悔の念を語り、「兄は介護のつらさや悩みを誰にも打ち明けられなかったのではないか。このような形で肉親を死なせてしまい、申し訳ない」と肩を落とした。

この集落では2人の死後、地区の集会所に毎週高齢者らが集まり、一緒にお昼を食べたり体操をしたりするようになっている。区長の男性は「過疎化で人も家も減った。家族以外の人間が今まで以上に周りを気にしないとまた同じことが起きる。住民同士が顔を合わせ、お互いの様子を確認できる機会を増やす必要がある」と話していた。

17年４月、神奈川県内のマンションで、85歳の夫と82歳の妻が亡くなっているのが見つかった。このケースも、介護を担う夫の死が引き金になった可能性がある。夫は寝室の布団で、妻はリビングで倒れていた。

新聞がたまっているのに配達員が気づき、発見された時には、２人とも死後２週間～１か月が過ぎていた。

同じ市内に住む長男の会社員（52）は警察から、２人とも病死で、父親の遺体の方が時間が経過しているとの説明を受けたという。

長男は20年ほど前から、物忘れと思いこみが激しくなった母親と口論が絶えず、この５年は両親と一切会っていなかった。ただ、遺品となった母親のエプロンには、父親の字で自宅住所や電話番号が書かれたメモが入っており、長男は「母の認知症は相当進行していて、日々の生活は父による『老老介護』なしでは無理だったはずだ」と話す。

携帯電話には実家から時々着信があったが「また口論になるのも嫌だから」と出ることはなかった。「今思えば、あれは『ＳＯＳ』だったのかもしれない……」。

長男は今、罪滅ぼしの思いもあって、自宅に持ち帰った２人の遺骨に毎日手を合わせているという。

メモ

国による国民生活基礎調査（２０１６年）によると、65歳以上の高齢者の介護をしている同居の家族は、約7割が60歳以上だった。要介護者・介護者がともに75歳以上の割合も3割を超えた。
斎藤真緒・立命館大教授（家族社会学）は「介護者が地域との関わりも薄いと、『共倒れ』の危険が高まっていても外部からの把握は難しくなる。また、介護者は自分の健康管理がおろそかになりがちで、これも共倒れの危険を高める。介護者が負担を抱え込まないよう、家族以外に頼める部分は積極的に手放すことも大切だ」と話す。

被災者男性、心身ともに疲れ果て

独身者が珍しくなくなった現在、孤立死は高齢者だけでなく、現役世代にも身近な問題になりつつある。

東日本大震災の津波で甚大な被害を受けた宮城県石巻市。２０１７年６月４日、市内にある被災者向けの災害公営住宅で、42歳の男性が亡くなっているのが見つかった。

警察が調べた結果、遺体は死後約２週間が経過していた。死因は急性心不全などによる突然死。立ち会った医師は、遺体を引き取りに訪れた親戚に、「（心身への）強いストレスが原因になった可能性がある」と説明した。

男性の両親と妹は津波で行方不明になり、住んでいた家も倒壊した。無職で家にひきこもりがちだった男性は、突然家族を失ったことで、生活のため、日雇い労働者としてがれき処理などを行うようになった。

「働いていると、震災で家族がいなくなった悲しみを忘れられるんです」

震災直後、男性は、がれき処理の仕事を紹介してくれたＮＰＯ事務局長の女性（59）に、そう話していた。

当時暮らしていた仮設住宅の部屋には、行方不明となった家族3人の写真が飾られていた。同じNPOの元職員(32)は、男性が「家族が大好きだった。なぜ一人で逃げてしまったのだろう」と、その写真を見ながら悔やんでいた姿が忘れられないという。

男性はその後も、契約社員などとして、建築会社や大工の手伝いなど、復興に関連する工事現場で働いた。亡くなる年の5月中旬まで、復興工事などで出た廃棄物を仕分けする仕事をしていたが、「土木工事は体にこたえるようになった」と考え、同月17日、16年から住み始めた公営住宅近くに出店を決めていたスーパーマーケットでパートの面接を受けた。

「人との約束は必ず守ってきました。屋根の下で働けるだけで幸せです」。面接では担当者にそう訴え、即日、パート従業員として採用が決まった。精肉をパックに詰め、倉庫から出して並べる仕事が予定されていた。

警察の調べでは、男性が亡くなったのは、発見される約2週間前の同月20日頃。スーパーに最初に出勤する予定の日だった。

しかし、スーパーの担当者は、男性が店に姿を見せないことを、「連絡しないまま辞める人も結構いるから」と、特に気に留めることはなかったという。

公営住宅には、石巻市内にある複数の仮設住宅から移ってきた被災者が約200世帯住んでいたが、男性と親しく付き合っていた人はいなかった。早朝に作業着姿で家を出て、夜に帰ってくる男性の姿を見かけた人はいたが、あいさつ程度で、それ以上の会話はなかった。

男性が遺体で見つかったとき、部屋の前には回覧板が約2週間置かれたままだった。しかし、たまたまこの日行われた住宅の清掃行事でそのことを聞いた自治会の役員が不審に思うまで、それを問題視する人はいなかった。

同じ階に住む60歳代の女性は、この回覧板を、男性が亡くなった時期に部屋の前に置いたとみられている。昼夜を問わず室内の明かりがついていることには気づいていたが、「若くて働いてもいたし、まさか倒れているとは思いもしなかった」と話した。

震災が起きた年、男性とがれき撤去の仕事で一緒になった元同僚（48）は、翌年が明けて間もなく、津波に襲われて壊れた男性の自宅の解体を手伝った。

自宅は、男性の両親と妹が津波に流された場所。そして、男性自身も震災発生時にいた場所だ。当時、家にひきこもりがちだった男性は、強い揺れで動揺し、家族を残したまま、一人自転車に乗って高台に逃げ、難を逃れていた。元同僚は、「何で自分だけ生き残っちゃったんだ」と、何度も何度も自問自答している男性の姿が忘れられないという。

解体作業中、男性は「ここが台所、ここが茶の間だったところ」などと話しながら笑みを浮かべることもあったが、作業を終え、関わった全員で手を合わせると、作業を手伝った仲間に「ありがとう、ありがとう」と何度も感謝の言葉を口にしたという。元同僚は、「彼なりの家族への供養だ

男性が亡くなる直前まで働いていた廃棄物処理場。男性は、家屋の廃材や生活ごみなどを黙々と仕分けしていたという

ったのかな。震災から立ち直り、前を向く決意をしたんだと思う」と振り返る。

　職場が離れた後も、年に数回は連絡を取り合い、顔を合わせていた。「会うたびにどんどん日焼けして、体形も引き締まっていった。働いてお金を稼ぐ、世帯主の風格と責任感が感じられるようになってうれしかった」。

　亡くなる少し前の17年5月初めにも男性の部屋を訪れていた。このとき、表情が少し疲れて見えたのが気になり、お茶を飲みながら「仕事、頑張りすぎるなよ」と水を向けた。男性は「ちゃんと食事もしているし、大丈夫」と返したという。だが結果的に、この日が男性の顔を見た最後となった。元同僚は「常に全力で働いていた。疲れていた彼に、もう少し強くブレーキをかけていれば……」と表情を曇らせた。

　遺骨を引き取った親戚の女性も、震災後は男性が働く姿ばかりが印象に残っているという。「家族が突然いなくなってから、慣れない肉体労働を重ね、体も心も疲れ果てていたのだろう」と推し量り、「もっと体調を気にかけてあげたかったが、私たちも被災して余裕がなかった」と話した。

メモ

孤立死が発生した部屋の原状回復などの費用を貸主に補償する保険の運用状況について「日本少額短期保険協会」（東京）が調べたところ、2015年4月～17年1月に同協会が把握した孤立死者1095人のうち、20～50歳代で4割を占めた。孤立死した人の遺品整理を年間200～300件行っている「キーパーズ」（同）の吉田太一社長（53）は、「現役世代では、特に40～50歳代の男性が目立つ。部屋が散らかって他人が出入りした様子がないなど、人間関係の希薄さをうかがわせることが多い」と話す。

ごみ屋敷に籠もったままの最期

つぶれたペットボトルの山、ボロボロの段ボール、数え切れない食器類……。東京都内の下町地区にある2階建ての古い一軒家は、ごみが室内から敷地外に散乱し、庭の草木は隣の家にまで伸び放題に伸びていた。

この「ごみ屋敷」からの激しい異臭に近隣住民が気づいたのは、2017年4月中旬。ここで暮らしていた71歳の男性が、室内のごみに埋もれるように亡くなっていた。

「一体、ここでどうやって暮らしていたのだろう」

警察から連絡を受け、10年以上訪れていなかった実家に入った男性の兄（82）は愕然とした。室内には、衣服や電化製品、ふたが開いたまま中身が腐った缶詰などが、人の背丈の高さまで、足の踏み場がないほどに積み上がっていた。男性は死後約3週間。死因は病死とみられた。

この家で一人で暮らしていた男性は、新築の戸建ても多いこのあたりの住宅街では異質の存在だった。髪とひげは伸びっぱなし。日中はほとんど姿を見せることはなく、ボロボロの服を着て夜な夜なごみを集めていた。向かいの女性（81）によると、十数年前に男性が仕事を辞めてから、ごみが増えだしたという。この女性は「仕事を辞めたことをきっかけに、自分の中で何かが壊れてしまったのではないか」と話していた。

近所にはそんな男性を心配する人もいたが、町内会長の女性（77）は「近くの人たちが困っているようだったから、何度も訪ねたが会えなかった。周囲や地域との関わりを自ら断っている様子だった」と首を振る。家を訪れた区の担当者に、２階から顔を出した男性が「帰れ！」と罵声を浴びせる姿も目撃されていた。

車で10分ほどの距離に住む兄によると、男性は６人きょうだいの末っ子で、大学卒業後、技術者として電気設備会社などに勤めた。勉強が得意で多くの資格も持ち、兄も自分の息子の家庭教師を頼んだほどだった。

だが、30年ほど前、一緒に暮らしていた母親が亡くなってから、相続や物の貸し借りなどを巡り、兄ら他のきょうだいと対立することが増えるようになった。

兄からみて、母親が亡くなってからの男性は、周囲を困惑させたり、面倒をかけたりする言動が目につくようになり、「関わるのが嫌になり、疎遠になっていった」という。男性や実家の近況を、兄以外のきょうだいも誰一人知らなかった。

このような「ごみ屋敷」に暮らす人は、認知機能の低下や精神疾患などで生活を維持する意欲や能力が失われる「セルフネグレクト」に陥っていることが多い。

親しい人との離死別、生活苦をきっかけにセルフネグレクトになることもあり、①家の周りや室内にごみが散乱し、家が壊れても放置する、②極端に汚れた服を着る、③介護などの支援を拒否する――などの傾向がある。

国の11年の推計では、高齢者だけで全国に約9000~1万2000人いるとされる。男性のように周囲との関わりを拒み、家族や親戚と疎遠になる人が多いため、孤立死に至るリスクも高まる。国の委託を受けたニッセイ基礎研究所（東京）が11年に公表した調査結果では、孤立死した人の約8割がセルフネグレクトだった。

岐阜市では16年11月、大量のごみがたまった民家から、70歳代の夫婦と40歳代の長男の計3人が死後1週間~2か月を経て見つかった。17年4月には、食べ残しなどが散らかる埼玉県上尾市のアパートの一室から、親子とみられる40~70歳代の男女3人の遺体が、死後数日~半年の状態で発見された。亡くなった人はいずれも近所づきあいはなく、行政からの支援も受けていなかった。

岸恵美子・東邦大教授（公衆衛生看護学）によると、「セルフネグレクトの人を放置していても問題は改善せず、命の危険につながることすらある」という。岸教授は、「親戚や近隣住民は『支援が必要な人』ととらえて行政などに連絡してほしい。行政の担当者には、（ごみがたまっていることなどを）注意するのではなく、困りごとに丁寧に耳を傾ける姿勢が必要だ」と指摘。一方で「人間関係のトラブルで他人を信用できなくなった人も多く、その心を解きほぐすことは専門家でも容易ではない」とも付け加えた。

男性宅にも、亡くなる約1年半前から、区の保健師らが毎月1、2回訪れていた。保健師らは男性に会えないことも多かったが、時折男性は気が向くと家から出てきて担当者の話を聞き、介護サービスの利用についても「使ってみようかな」と話していたこともあったという。だが結局は拒否的な態度に戻ってしまったといい、保健師らが説得を繰り返したが実らず、男性は介護サービスなどの支援の受け入れを最後まで拒んだ。

区の担当課は「もう一歩で状況を好転させられる手応えを感じた時期もあったが、及ばなかった。問題を根本的に解決するのは本当に難しい」と振り返る。

男性が住んでいた「ごみ屋敷」から運び出した大量のごみと遺品を自宅兼工場で整理する兄

男性が亡くなった後、兄は残されたごみを、毎週のように2トントラックで自宅兼工場に運び出した。すべて終えたのは5か月後で、兄の工場は一時、ごみで一杯になってしまった。

「自分はどうすればよかったのか、正直分からない」

兄の胸には今、最後にまた面倒をかけられたという憤りと、「心を閉ざした弟が何を思い、何を考えていたのかを知りたい」との思いが同居しているという。

見守り活動にも限界、異変察知にＩＴ活用

地域住民らによる「見守り」は、孤立死を防ぐための身近で有効な対策とされてきた。しかし、地域社会のつながりが薄れ、従来の手法は壁に直面している。

「孤立死ゼロの目標は変わらないが、状況は急速に厳しくなっている」

約１４００世帯が住む東京都立川市の都営大山団地。自治会長を務める橋本久行さん（58）の悩みは深い。

自治会が住民や団地に出入りする民間の業者らと手を組んで、「向こう三軒両隣」を合言葉に精力的な見守り活動を行い、全国から注目を集めてきた同団地。一人暮らし世帯の洗濯物や、配達された新聞のたまり具合などの異変に細かく目を配ることで、「孤立死ゼロ」を10年以上続けてきた。

しかし、これが２０１６年の秋にストップ。さらに17年の夏にかけ、死後数日～数週間の住民計３人が相次いで見つかった。亡くなったのは、いずれも一人暮らしの50～80歳代の男性だった。

最近の入居者は、近所との付き合いがほとんどない人も多い。一方で、見守りの対象となる独居の高齢者らは年々増えている。自治会で家族構成を把握できない世帯も増え、見守る側の自治会役員は高齢化が進む。「今後どうすればいいか模索しているが、答えは出ない」。橋本さんはそう話す。

東京23区で孤立死者数が最も多い足立区では、13年から、「周囲との会話が週1回未満」、「困り事の相談相手がいない」人を「孤立状態」と定義し、区内の各自治会に、該当する高齢者の調査を依頼している。これまでに該当者3000人以上が判明し、区に委託された職員が訪問した結果、その半数以上が介護サービスを受けたり、地域の集まりに参加したりするようになった。

この訪問事業をきっかけに地域で行われる交流会に参加するようになった男性（85）は、「以前は誰とも話さないで終わる日が多かったが、知り合いが増えた」と笑顔を見せた。

都営住宅に一人で暮らす男性は、家族や友人とも疎遠となり、自治会の調査に対して、会話をする相手が「ほとんどいない」と回答した。職員が男性宅に訪問を繰り返すうち、男性はピアノが得意であることが分かり、高齢者の集まりで歌の伴奏を定期的に行うようになった。「孤立」した生活から脱しつつある男性は「仕事をやめてから、人に会ったり外に出たりしようとはしなかったが、今は（自分の伴奏に合わせて）楽しそうに歌っている人たちを見るとうれしい」と話した。

ただ、男性のようなケースは決して多くはなく、この5年間を通じて、区内で孤立死した人は減っていない。区の担当者は「孤立して暮らす人が減っている実感はある」としつつ、「なかなか支援を受けたがらない人もおり、状況は簡単ではない」と話す。

「これがなければ、今こうしてお話しすることもできなかったかもしれません」

群馬県高崎市の一軒家で一人暮らしをする富沢やいさん（79）は、居間に置かれた「人感センサー」に目をやりながら、17年7月末に自宅で倒れたことを振り返る。

骨粗しょう症の持病がある富沢さんは、夜中に倒れたまま動けなくなったが、電話が手元になく、助けを呼べないまま意識が遠のいた。

昼過ぎ、勤務中だった長女（53）の携帯電話に連絡が入った。

「センサーが反応しませんが、連絡は取れていますか」

富沢さん宅で12時間にわたって人の動きがないことを把握した、市委託の「見守りセンター」からだった。

富沢やいさん（左）宅にあるセンサー（手前）。これにより富沢さんの異変を把握できた

気温30度を超える真夏日。長女が車で15分の職場から急いで駆けつけると、熱気が充満した居間に富沢さんがうつぶせに倒れていた。

富沢さんはすぐに救急車で病院に搬送され、診察の結果、腰椎骨折が判明。脱水症状もあり、「もう少し遅れれば危なかった」。

長女は市内で夫や子どもと暮らすが、夫婦は共働きで、さらに離れて暮らす義父母の世話もあり、富沢さん宅を毎日訪れることは難しいという。長女は「夫婦だけで双方の親の面倒を在宅で見ることには限界があるが、最新機器のサポートがあれば可能性は広がる。今回はセンサーに命を救われた」と語った。

同市はこのセンサーを申請のあった約3000世帯に無償で貸与し、危険を察知した時には、事前に登録した家族や近隣住民、民生委員らに電話連絡がいく仕組みを整備した。市によると、12年11月の事業開始から5年間で、倒れていた人の発見、救助につながったケースは34件あった。予算は年間1億円以上だが、富岡賢治市長は、「地域の力だけですべての命を救うことは難しい。ＩＴを生かさない手はない」と語る。

みずほ情報総研チーフコンサルタントの羽田圭子さんは、「家族や近隣住民の目だけでは防ぎきれなくなっており、これに新しい技術や自治体の施策を組み合わせた総合力で孤立死を食い止める取り組みが求められている」と話している。

老後に「つながり」が持てる場をつくる

一人で暮らす65歳以上の高齢者は、30年前の5倍の約600万人に上る。こうした中、ほかの人とのつながりやそのきっかけを求めて行動した人がいる。

緑の木々に囲まれた「グループリビングえんの森」（埼玉県新座市）。ここは単身の高齢者10人が共同生活する〝シェアハウス〟だ。2階建ての住宅には、各自の個室と共有スペースのリビング、食堂、浴室があり、60～90歳代の男女が暮らす。負担は入居時の300万円と、家賃や夕食代など毎月12万8000円。入居者は夕食は共にするが、このほかは自由だ。

入居して約3年になる橋口節子さん（77）は、子どもがおらず、認知症の夫が入院した十数年前から一軒家で一人暮らしをしていた。だが、東日本大震災をきっかけに、古い家での独居に不安を覚え、ここへの入居を決めたという。

入居者同士はつかず離れず、過度の干渉はしないが、見守られている安心感はある。誰かが夕食に姿を見せなければ部屋を訪ねるし、隣の部屋で人が転んだ物音にも気づくことができる。

実際、過去には2階で「ドタン！」と大きな音がした際に、住人の一人が確認しにいくと、その部屋の女性が転んで骨折していたことがあった。すぐに救急車を呼んだこともあって事なきを得たが、仮にこの女性が独居であれば、長期にわたって誰にも気づかれなかった可能性は高い。

「自由で、寂しくないのがいい」と橋口さん。住人が認知症になったり、介護が必要になったりした場合は、専門家や行政などの支援を求めることになるが、そうなった際にも住人同士でできる限り互いを気にかけ、助け合う関係をつくっているという。若者向けのシェアハウスとは異なり、「自分がそうなった場合」も含めて、普段からきちんと話し合っておくことも大切になる。

こうした共同住宅は、被災者の孤立死が問題となった阪神・淡路大震災をきっかけに注目を集め、全国に広がった。「えんの森」を運営するNPO法人の小島美里代表理事は、「孤立を避け、つながりを求める高齢者たちの受け皿になっていきたい」と話す。


札幌市で一人暮らしをしている男性(69)は2016年秋、様々な年代の独身者が同性、異性の友人をつくるための交流の場を運営している同市内のNPO法人「ボラナビ」に会員登録した。それまでの自分の人生からすれば大胆ともいえる行動だが、決断したきっかけは、「このままでは死んでも誰にも気づかれないかもしれない」と危機感を抱いたことだった。

男性は道内北部の幌延町出身で、父親は鍛冶屋。5人きょうだいの末っ子として生まれた。幼少時に両親を亡くし、道内や東京、山形などで旋盤工やボイラー技士として働いた。

もともと「引っ込み思案な性格だった」という。幼少期に中耳炎をこじらせて耳を悪くしたため、周囲が何を話しているのか、うまく聞き取ることができない。学校や勤務先でも一人で過ごすことが多かった。看護師の女性との結婚を考えたこともあったが、「看護師は稼ぎが良くて気が強いから、尻に敷かれるのでは」などとこれといった根拠もなく考えてしまい、踏み切れなかった。

50歳代で札幌市内に一軒家を構えたが、近所付き合いもなく、65歳を超えて仕事を辞めると「テレビが話し相手」に。無性に寂しさが募った。

同法人には、20〜80歳代の男女約200人が会員登録しており、その大半は50歳以上だ。代表理事の森田麻美子さん（46）は「中には、友人や話し相手を見つけることで、孤立死への不安を少しでも減らしたいと考えている人もいる」と話す。

男性は登録後、月1度の集いに出席を重ねている。退職後に人と話す機会がほとんどなかったため、最初は不安で、シャイな性格も相まってなかなか周囲に話しかけることができなかった。だが、ある女性が話しかけてくれると、冗談も返せたし、会話も弾んだという。「自分の殻を破り、一人きりではない老後にしたい。それが今の目標です」。

「野菜も食べなきゃだめだからね」

「わかってるよ」

17年秋、東京・山谷で生活困窮者らに無料診察や炊き出しなどを行うＮＰＯ法人「山友会」の事務所。無料でふるまわれるカレーライスが並んだ昼食の卓を囲む、スタッフと男性（74）らの大きな声が響いていた。

中学卒業後に長野から上京した男性は、印刷会社の社員や市場の警備員などとして働いたが、60

「山友会」で食卓を囲む男性（右から3人目）とスタッフら

歳を過ぎた頃に勤務先が倒産。失業保険だけでは生活できず、家賃を払えなくなってアパートを追い出された。実家には30年以上帰っておらず、兄弟や親族に頼る選択肢はない。親しい友人もなく、結局、公園で3年ほどホームレス生活を送った後、山谷の簡易宿泊所で暮らすようになった。

　そんな生活が続いていた約10年前、自分と似た境遇の人たちが集まる場所があると耳にして、同会を初めて訪問した。最初はなかなか溶け込めなかったが、昼食などに何度か顔を出すうちにスタッフから声をかけられ、「常連」に。「話し相手ができてうれしかったから」。

　年金を受け取りながらアパートで一人暮らしをする今も、毎日のように顔を出す。2〜3日姿を見せないと、スタッフが「大丈夫?」とアパートまで来てくれることが、男性には心強い。

　年齢的に、いつまで健康でいられるのかはわからない。実家の墓がどこにあるのかも知らないいま年齢を重ねてきた男性だが、今は同会が建てた、身寄りがない人たちのための墓に世話になろうと考えている。

「長く一人で生きてきたけど、今は人とつながることができた幸せを感じています」

第5部　海外の現場から

放置された虐待SOS——アメリカ（1）

2017年12月中旬、米国カリフォルニア州パームデール市。州最大都市のロサンゼルスから50キロほど北の乾燥地帯に、8棟のアパートが並ぶ。近くの街路樹に結びつけられた靴下の飾りには、黒い文字でメッセージが書き込まれていた。

「メリークリスマス、ガブリエル」

このアパートで虐待死した男児を悼む人たちによるものだった。

事件が起きたのは、その4年前の5月。アパートの2階に住んでいたガブリエル・フェルナンデス君（当時8歳）が、頭やあばらの骨が折れた状態で病院に運ばれ、亡くなった。ガブリエル君は、幼少期は祖父母に育てられたが、事件の半年前に母親と交際相手の男が住むこのアパートに移り住んでいた。

「児童保護機関の職員はなぜ、あの子を親から引き離さなかったのか」。アパートに住む自営業ファーミン・アラルコン・ジュニアさん（46）は、隣の部屋で起きた悲劇を思い返し、憤った。

事件前、ガブリエル君が玄関前の階段に座り、一人で宿題をしている姿や、腕や顔にたばこを押しつけられたような火傷の跡が付いていたのを見ていた。日本の児童相談所に該当する児童保護機関の職員は何度もガブリエル君の自宅を訪れていたが、虐待死を防ぐことができなかった。

(左) 虐待死事件の現場となったアパート (奥の建物)。街路樹に結びつけられた靴下の飾りには、「メリークリスマス、ガブリエル」と書かれていた。(右) 虐待死したガブリエル君 (「ガブリエルズ・ジャスティス」提供)

「ガブリエルが搬送された日の夜、夢の中で彼が出てきて、『助けて』と言ったんだよ」。その後約1か月の間、後悔の念にさいなまれ、就寝中にうなされることもあったという。
「職員たちがちゃんと仕事をしていれば、彼は助かったはずだ」。アラルコンさんはこう言い切った。

ガブリエル君の死の翌年8月、母親と交際相手の男の2人が殺人罪で起訴された後、約2年半を経て、事件は異例の展開を見せる。17年3月、同市を管轄するロサンゼルス郡児童保護機関の職員4人が、ガブリエル君が虐待されていたことを知りながら放置したとして、児童虐待などの罪で起訴されたのだ。
現地報道などによると、同機関には、ガブリエル君が通う小学校の教諭らから、虐待を疑う情報が60回以上寄せられたが、職員らは母親らと引き離すなどの措置を取らなかった。母親がガブリエル君を「ベルトでたたいた」と認めたのに、内部の報告書に「虐待は未確認」と記載したり、体の傷をチェックする点検表を作らなかったりした疑いもあるという。

同郡上級裁判所は18年6月、母親には仮釈放なしの終身刑を、交際相手の男には死刑をそれぞれ宣告した。職員らは、自分たちが起訴されたことに対する異議を申し立てたが、同年9月、退けられた。


一方、地元ロサンゼルス郡は、ガブリエル君の虐待死を受け、再発防止のための有識者委員会を開き、管轄地域で近年に起きた虐待死28件について、児童保護機関の対応に問題がなかったかどうかを調査。この中で、現場の職員から「対応件数が多すぎる上、職員への支援や研修などが不十分なため、必要な業務を遂行することができない」とする課題が報告された。

米国では、児童保護機関に集まる虐待の通告が年間200万件を超える。通告が近年急増している日本と比べても20倍近い。

背景には、強制的に通告を促す制度がある。虐待を受ける子どもが多数報告されるようになった1960年代に作られ、教諭や医者など子どもと関わる専門職が通告を怠った場合には刑事罰が科されることもある。

現在、これらの専門職による通告が全体の6割を占めるが、調査の結果、実際に虐待が確認されるのはすべての通告の２割程度にとどまるという。

米国の通告制度に詳しい池谷和子・長崎大准教授（45）によると、責任追及を恐れ、不確かなまま通告をする専門職もおり、担当職員は深刻な虐待事案の調査に時間を割けない状況にあるという。池谷准教授は「米国は、過剰な通告がもたらす問題の解決策を見つけられずにいる」と話す。

ガブリエル君の事件後、同郡は虐待対応の態勢強化を図り、担当職員は４年で約１０００人増えた。

研修も充実させ、職員がパソコンや携帯電話でマニュアルをすぐに閲覧できるようにした。同郡児童保護機関の広報担当ニール・ザンビルさん（66）は、「時間の無駄になる通報も多いが、我々は調査しなければならない。人と話して調べていくという基本姿勢が大事なことは今後も変わらない」とした上で、「ガブリエル君の死を無駄にせず、今後も職員の技術を磨き続ける」と語った。

ガブリエル君の親戚を含めた友人３人で「ガブリエルズ・ジャスティス」というグループを作り、事件の裁判を傍聴してフェイスブックで報告しているアマンダ・ネバーレズさん（41）は、「偽物の通報電話が多く、時間を取られて重要な虐待ケースが見逃されることもある。それをどうやって見極めるかの判断は難しい。虐待の傷を見逃さないため看護師を現場に同行させたり、コンピューターを使って関係機関で情報共有できる仕組みを作ったりして、同じ被害を起こさない態勢を作るべきだ」と訴えている。

メモ

児童虐待問題の専門機関「子どもの虹情報研修センター」(横浜市)の増沢高・研修部長の調査などでは、行政機関に寄せられる虐待通告は米国約220万件(2015年)、英国約62万件(16年)に対し、日本は12万件余(16年度)。通告に対応する職員は、人口約870万人の米国ロサンゼルス郡の約3500人(14年)に対し、日本は全国で約3100人(17年)となっている。

ただ、米国や英国の通告件数が近年横ばいなのに対し、日本では通告制度の浸透により、09年度の約4万件から、16年度は3倍以上に急増している。

里親からも虐待――アメリカ（2）

虐待などで実の親と暮らせない子どもの多くが施設で育てられる日本と異なり、その8割が里親に預けられている米国。その数は約42万人に上る（2015年）。

1960年代に「施設での養育が子どもの発達に問題を与える」とする研究が公表されて以降、子どもには家庭的な環境が必要との考え方が広がり、「施設から里親へ」の流れが定着してきた。裁判所もこれに従って子どもの預け先を決めており、里親を職業とする人も珍しくない。しかし、そんな米国でも直面する課題は多い。


「彼女は、父親からも里親からも虐待されたのよ」

カリフォルニア州コントラコスタ郡の児童保護機関に3年前まで勤務した女性（41）は、当時担当した幼い少女のことが忘れられない。

この女性によると、両親が別居し、父親と暮らしていた少女は、父親の交際相手からたばこの火を押しつけられるなどしたことから、6歳で里親に預けられた。

しかし、里親にとっては予期せぬことが起こる。預かって間もなく、少女から、実の父親に数々の性的虐待を受けていたことを告白されたのだ。

父親からも里親からも虐待を受けた少女が、児童保護機関の職員の立ち会いの下、母親と面会を重ねたハンバーガーショップ

父親は否定したが、少女の証言もあって裁判所は性的虐待を認定。児童保護機関は当初、将来的には少女を再び父親のもとに戻すことも考えていたが、この選択肢はなくなった。一方で、この里親からは「うちには他の子どもがいる。少女をこれ以上預かることはできない」と断られ、少女は別の里親の元に預けられた。

だが、数か月後に児童保護機関の女性が少女に会うと、右のまぶたが大きく腫れていた。理由を尋ねると「（新しい）里親に殴られた」と告白。少女の反抗的な態度にストレスをためていた里親が、少女の髪にシラミが付いていたのを見て激怒し、殴ったのだという。

少女を虐待した里親は、「ゲートコミュニティー」と呼ばれる、門と塀で囲まれた約7ヘクタールの敷地内に並ぶ住宅の一軒に居を構えていた。治安のよさ、犯罪の少なさが売りの地域で、少女はさらなる虐待を受けていたことになる。

結局、女性は少女が母親と暮らせるよう手続きをとった。

女性は、「虐待を受けた子どもの預け先は里親が原則で、施設に行くのは子が里親になじめないことがはっきりしているケースだけだ。少女を最初に里親に預けたのは正しい判断だった」と強調する一方で、「過去に受けた虐待の影響で問題行動を取る子どももおり、里親がその心情を理解できないことは多い」と課題を明かした。

サンフランシスコ市で虐待を受けた子どもの治療を行っているセラピストの内丸幸枝さん（37）が約３年にわたって関わった10歳代前半の少女は、里親の元で問題行動を繰り返した。

少女は祖父から長年にわたって性的虐待を受けており、虐待を把握した学校のカウンセラーの通告に基づいて保護された。

しかし、母親は「性的虐待なんてあり得ない」と否定。少女は内丸さんに「お母さんはどうして私の話を信じてくれないの」と訴えていたという。「祖父からの虐待よりも、母親に信じてもらえなかったショックがトラウマとなり、彼女はそれから問題行動を起こすようになった」と内丸さんは振り返る。

里親に預けられた後、少女は家のルールとなっていた門限を破って叱られ、そのたびに家出を繰り返した。里親から怒られることに恐怖を感じたためか、会話も少なくなっていった。里親は少女が家出先で事故や問題を起こすことで、自分が里親の資格を失うことを恐れ、少女の里親を続けることを断った。

次に少女は親族の家庭に預けられたが、以前より感情的な態度をとることが増え、ここでも家出を繰り返す。大麻やアルコールにも手を出し、生活は荒《すさ》んだ。少女は結局、「これ以上、親族を困らせたくない」と、自らグループホームの施設に行くことを決めたという。

内丸さんは「母親は少女に会おうともしなかった。母親から信じてもらえなかったというトラウマを克服できず、自尊心がどんどん壊されていったことが問題行動につながったと考えられる」と分析。「州法は、実の親から子どもを離す場合でもより家庭に近い環境におくべきだと定めており、預ける先は里親が原則だ」としながらも、「つらい経験をした子どものケアを学び、心理学の専門知識を習得した里親をもっと増やす必要がある」と指摘する。


全米の統計では、里親に託される子どもは、2006年からの9年で約16％減少している。米スタンフォード大のマイケル・ワード名誉教授（76）は、「里親の家庭になじめず問題行動を起こす子どもが少なくないことから、一部の児童保護機関には実の親と引き離す措置を避ける動きも出てきた」と話す。

また、里親に預ける場合に、預け先として他人よりも親族が選ばれるケースが増えており、ワード名誉教授によると、全米での里親全体に占める「親族里親」の割合は、過去25年間で5％から45％に大きく増えたという。

海外の里親制度に詳しい林浩康・日本女子大教授（56）（社会福祉学）によると、里親が親族である方が、子どもにとっても家族を失ったという喪失感が少なく、学習意欲も高くなるとの研究結果があり、米国でもこれが重視されているという。

ただ、「親族里親」の家庭は、一般の里親と比べて経済的に困窮していることが多い上に、州などから受け取る手当が一般の里親よりも少ない場合もあるといい、林教授は「親族としての義務感で引き受けている人も多い」と話す。

絶望した老父、息子を銃殺――イタリア（1）

「父が一瞬、狂気にかられ、悲劇が起きてしまったんだ……」

首都・ローマから北東に車で約3時間、イタリア半島中央部を縦貫するアペニン山脈の麓にある人口約7000人の街・カンプリ。美しい山に囲まれ、トリュフやオリーブオイルの産地として知られる街の中心部にある教会近くの公園で、夕闇の中、ガブリエーレ・ライモンドさん（42）は、自分の家族の中で起きた事件を、苦悩の表情で語り始めた。

2009年3月。朝の日課である祈りを終え、教会を出るとサイレンが聞こえた。「大変なことが起きた！」。約1キロ離れた自宅アパートで、76歳だった父が兄（当時37歳）を護身用の銃で殺害したことを親族から知らされた。

地元警察幹部などによると、兄は北西に約500キロ離れたミラノ近郊で警察官をしていたが、精神疾患を発症。事件の1か月ほど前からカンプリに来て、総合病院の精神科に約2週間入院した後、両親、ライモンドさんと一緒に暮らすようになっていた。

真面目でしっかり者との評判だった兄だが、発症後は橋から飛び降りようとするなどの奇行が目立つようになり、家族を困惑させた。そして、父には暴言を浴びせた。兄の変貌ぶりに驚いていたライモンドさんは「兄が両親を殺害するかもしれないという危惧はあった」と話し、付け加えた。

「まさか父が事件を起こすとは考えなかった」。

父は逮捕後、わが子の命を奪った動機を、「家族に危害を加えることを恐れた」と警察に説明したという。

イタリアは、在宅での精神医療や患者の支援を充実させる改革を進めてきたことで世界的に知られる。1971年、北東部の港町トリエステで、公立精神科病院の院長になった精神科医フランコ・バザーリア氏（80年死去）が病院の状況を批判し、収容していたすべての患者を共同住居やアパート、自宅通院に移したのが、その始まりだ。

バザーリア氏は、身体拘束を伴う精神科病院が、患者の人権や自由を制限してい

（上）事件現場となったアパート（道の左側）。ライモンドさんの父は犯行後、呆然と歩いているところを警察官に確保されたという。（下）父が兄の命を奪った事件について語るライモンドさん

ると して、「治療の場として適切でない」と考えたという。当時は鉄格子の閉鎖病棟があり、患者は私物も持てず、作業療法の名目で院内清掃などをさせられたという。

こうした医療の廃止を目指した改革は、その後イタリア全土に広がり、公立の精神科専門病院の新設と新たな入院を禁じる、いわゆる「バザーリア法」ができた。病院に代わる治療拠点として、人口約5~10万人あたりに1か所、精神保健センターが設置され、自宅への訪問や多様な居住・就労支援などが充実してきた。そんなイタリアには今、世界各国から多くの視察者が訪れる。

入院治療が中心に据えられ、自宅で暮らす精神障害者への支援が不十分と指摘される日本の医療、福祉関係者からも注目を集めるイタリアだが、長年にわたって支援制度の改革に関わってきた社会学者のマリアグラツィア・ジャンニケッダさんは、「この国でも、苦悩を抱える家族に手を差しのべられないケースがある」と話す。

生前のバザーリア氏と面識があった北部トレント市のレンツォ・デ・ステファニ精神保健局長(70)(精神科医)は、「イタリアの現状は、すばらしい支援と、ひどい支援が混在している。緊急時に自宅訪問ができないセンターも少なくない」と指摘し、地域によって支援に格差があることを打ち明けた。

南部シチリア島の出身で、厳格で無口な性格だったライモンドさんの父は、周囲に悩み事を打ち明けることも、助けを求めることもなかったという。ライモンドさんは「父は誰より悩んでいたはずなのに、苦悩を一人で抱え込んでいた」と振り返る。

事件現場となった自宅アパートの近くで商店を営む女性（47）は、「ここは住民同士で助け合うことが多い街だけど、あの家族は周囲と溶け込もうとせず、孤立していた」と明かし、地元警察の男性幹部も、ライモンドさんの父について、「厳しく、弱音を吐かない男だったからこそ、周りに助けを求めなかったのだろう」と語った。

ライモンドさんの兄は退院後、地元の精神保健センターで治療を続けていたが、ライモンドさんは「センターは、兄のことはきちんと見てくれていたが、父の苦悩までは目が届かなかったのだと思う」と振り返った。ジャンニケッダさんは、「家族の精神疾患を苦にした悲惨な事件を防ぐには、障害者本人を支える家族を孤立させないための支援をどう続けるのかが重要だ」と指摘する。

殺人罪に問われた父は、実刑判決を受けて服役したが、13年に高齢と健康悪化を理由に仮釈放され、家族の元に戻った。しかし、食事をあまり食べなくなり、そのまま約1年半後、ほぼ絶食状態のまま82歳で亡くなった。事件について家族に語ることは、最後までなかったという。

メモ

イタリアでは、自宅で暮らす精神障害者に対する外来・訪問医療を担う精神保健センターと、重症者が入院する総合病院の精神科急性期病棟が整備されている。

イタリア国内に約７００か所ある同センターには、医療・福祉スタッフが常駐している。在宅患者約２０００人に対応しているトレント市のセンターでは、当初は土曜午後と日曜を休館していたが、家族の要望を受け、10年ほど前から年中無休にした。

ただ、イタリア全体では、対応時間を平日昼などに限定しているセンターもあり、地域で格差がある。

働く場を提供し、自立を促す――イタリア（2）

「調子はどう？」「気分は？」

イタリア国内でも精神障害者支援の先進地として知られる北部トレント市（人口約12万人）。同市中心部にある総合病院の精神科急性期病棟で、アドリアーナ・グリセンティさん（72）は、週数日の出勤日には必ず、廊下を歩きながら患者一人ひとりに声をかける。15床の同病棟には、症状が悪化した急性期の患者が常時5～6人入院しており、グリセンティさんは開け放たれた部屋を回って、治療の要望や生活への不安を聞いて回る。

同市では、精神障害の経験者や家族らが専門スタッフとして治療に関わる独自の取り組みが行われている。グリセンティさんはＵＦＥ（「当事者」「家族」「専門家」の頭文字＝ウッフェ）と呼ばれる専門スタッフの一人だ。

「患者や家族は不安や恐怖にさいなまれることが多いから、まず声をかけ、話を聞くようにしているの」

２０１７年12月、クリスマスの飾り付けがされた病棟内のロビーで取材に応じたグリセンティさんは、働くときの心がけを笑顔で語った。

急性期病棟で勤務する看護師のソニアさんは、「治療には、患者の過去の治療歴や生活状況、不

総合病院精神科の急性期病棟でスタッフと談笑するグリセンティさん（右）

安の原因という情報が欠かせない。ＵＦＥが患者と同じ目線で話をしながら、たくさんの情報を入れてくれることがより良い治療につながっている」と意義を実感している。

グリセンティさんの次男（50）は、10代で薬物依存症となり、40歳過ぎに統合失調症とわかった。市の精神保健センターに通ったが、薬を捨てたり、自宅で暴れたりした末に入院。症状はなかなか改善せず、急性期病棟への１週間〜１か月間にわたる入院も４回繰り返した。グリセンティさんは当時のことを「心身ともつらく、疲れ果てた」と振り返る。

次男は４回目の入院を終えるとき、センターの勧めでグループホームに入居し、ＵＦＥの助けを借りながら、同じ境遇の患者らと集団生活を始めた。自分の病気を自覚して治療にも積極的になり、徐々に庭の手入れや掃除などを行うことができるようになった。そして、センターのスタッフが定期的に自宅を訪問してくれる特別なアパートで一人暮らしに慣れた後、今はアパートで自立して暮らす。

次男の症状が改善していく過程を見て、７年前にＵＦＥとなったグリセンティさんは、病棟で落ち込む家族がいると自身の経験を伝える。「ひどい症状だった息子も回復した。必ずよくなるわ」。

同センターには、グリセンティさんのようなＵＦＥが約50人おり、重症者や自宅に閉じこもりがちな患者に声をかけて治療を促している。同センターのＵＦＥ担当、パオラ・ナルドンさんは「障害への偏見は根強い。孤立しがちな患者や家族の心を軽くするにはＵＦＥの存在が不可欠だ」と話す。

17年12月上旬、トレント市郊外で行われた電力会社のランチミーティング。出席した関係者約60人に軽食や飲み物を手際よく提供する、精神障害者ら３人の大きな声が響く。

「コーヒーいかがですか」「ジュースもありますよ」

電力会社が利用したのは、市の精神保健センターと協力しているＮＰＯ法人が、精神障害者の就労支援事業として約10年前から始めたケータリングサービスだ。働けば１時間約５００円の給与を受け取れる。軽食などを提供したミケーレさん（22）は「給与だけでなく、チームワークも学べる。自分に自信を取り戻すことができるんだ」と話す。

３人とＮＰＯのスタッフらは、約１時間の仕事を終えて手早く片づけると、バンに荷物を載せてＮＰＯの事務所に戻った。

「電力会社の会長も君らの仕事を気に入っていたぞ。この調子で、これからもしっかりやろう」。

ミケーレさんたちを前に、NPOで事業を統括するグイード・ソンタッキさん（73）が声をかけた。

続いて始まった翌週の仕事を割り振る会議では、3人以外にも仕事を求める精神障害者が集まり、テーブルを囲んで、ケータリングや宿泊施設の清掃、喫茶店のウェーター、庭の手入れなど、自分が希望する仕事を選んでいく。発症してすぐに長時間働くことは難しいため、仕事は1回4時間が原則だ。発症後の就職、仕事の継続が容易でない精神障害者にとって、常勤で仕事を始めるトレーニングとして位置付けられている。

NPOでの仕事のルールは、体調が悪くてキャンセルする場合には必ず1日前までに連絡することで、もし破った場合はペナルティーとして翌週の仕事はできなくなる。1年間の契約で、給与は15日ごとに支払われる。

もともと飲食店を営んでいたソンタッキさんは語る。「実際に働く姿を見てもらえば、彼らが病気でも、能力や知性に何ら問題がないことがわかる。彼らは我々と同じ、普通の人間だよ」。

イタリアでは、親が亡くなっても精神障害者らが自立して暮らせるよう、政府が助成金を出すなどして支援することを定めた新法が15年に施行された。

トレント市に住むミレッラ・ファイセさん（88）には、女手一つで育ててきた、精神障害のある娘（59）がいる。「最後まで面倒は見られない」とは理解しつつ、その将来を気にかけてきた。

娘は19歳で発症。入院では症状は改善せず、在宅治療に切り替え、障害者が共同生活するアパートに入居し、普段の生活は、定期的に訪問する市の精神保健センターのスタッフが支えてきた。

さらに新法の施行によって仕事を休みやすくなったという息子が、週に1回は娘の様子を見てくれるようになった。ファイセさんは「サポートしてくれる人や制度のおかげでここまで来られた。スタッフに加えて息子も娘を見てくれるのだから、もう自分が死んだ後を心配する必要はないわね」と笑顔を見せた。

ファイセさんは、「親亡き後」に絶望した老親が精神障害のあるわが子を傷つける事件が日本で相次いでいることについて、「孤立した家族は苦しんでおり、気持ちはよくわかる」と理解を示しつつ、「伝えたいのは、子どもはモンスターではないということ。家族だけでは行き詰まる。家族以外の助けが欠かせない」と話した。

メモ

経済協力開発機構（ＯＥＣＤ）が２０１４年に出した報告書によると、人口10万人あたりの精神科の病床数は、加盟34か国（当時）の平均68床に対し、日本は２６９床と最も多い。イタリアは10床と先進7か国中最少だった。

海外の精神医療に詳しい東京都医学総合研究所の西田淳志・プロジェクトリーダーは「日本は予算と人員が入院治療に多く割かれる反面、在宅患者への支援が少なく、家族の負担が大きい」と指摘。「訪問医療や就労支援などの予算、人員をさらに増やし、家族の負担を減らすべきだ」と話す。

「介護者の権利」を法律に――イギリス

「母の介護は孤独で、悪夢のようだった。どうにかもちこたえられたのは、皆さんの支えのおかげです」

２０１８年１月中旬の昼下がり。英国・ロンドン郊外のサットン区にある介護者センターの談話室。アン・ウィチカさん（54）は、介護者の交流会に集まった８人の前で涙を浮かべた。認知症と診断され、約６年間介護した91歳の母親を、前年末に看取ったばかりという。

同センターは、高齢の親や配偶者らを介護する人を支援する専門機関で、交流会やカウンセリングなどを開催している。

交流会では、高齢の親や配偶者を単身で介護している人たちが毎月１回、土曜日に同センターに集まり、お茶を飲みながら約２時間、近況を報告し合う。同センターの職員も同席し、介護支援やカウンセリングなど、利用できる制度の情報を提供することもある。

一人っ子で独身のウィチカさんは、一人で母親を介護した。「１対１だと逃げ場がない。孤立し、孤独だった」と介護生活を振り返る。

「母とは強い絆で結ばれていた。母は私の支えだった」というウィチカさん。それだけに、優しく、愛情にあふれていた母が、泣いたり、叫んだり、暴れたりと、まるで別人のようになってしまったことは耐え難かった。

認知症が進行した母は目が離せず、ウィチカさんは仕事を続けることも、熟睡することもできなくなった。介護に専念するために仕事を辞めた。症状がさらに悪化して介護施設に預けた後も、毎日のように世話をしに通った。入所費用を賄うため、自宅は売却せざるを得なかった。

ロンドン郊外サットン区の介護者センターの交流会で、語り合うアン・ウィチカさん（左）ら

すっかり変わってしまった母との関係などに耐えられず、センターに泣きながら電話をしたこともある。そんな時、職員はいつも、センターに来るように言ってくれた。介護者支援のプロと、同じ体験をしている他の介護者の存在がなければ、介護生活はどうなっていたか……。

「センターに駆け込むと、いつも誰かが温かく迎えてくれた。人にどう思われるかを気にせずに気持ちを吐き出せるセンターは、私の生命線だった」


英国では１９９５年、介護する人の権利をうたった法律ができたことで、介護者への支援が本格化した。介護に携わった時間などが一定の基準に達した人には自治体に支援を求める権利が保障され、自宅で介護をしている人に現金を支給したり、介護休暇を取りやすくしたりする制度もできた。

2014年には、介護に関する複数の法律を統合した介護法が制定され、個々の介護者が自治体から必要に応じた支援を受ける権利が明確になった。

だが、そんな「介護者支援先進国」の英国でも、介護に行き詰まった高齢者による事件は後を絶たない。

11年の国勢調査によると、英国で認知症や障害のある家族らを介護する人は約650万人。高齢化の進行で、介護が必要な人はさらに増える一方、約10年前の金融危機から続く緊縮財政で、予算は削減傾向にある。介護者支援の全国団体「ケアラーズUK（Carers UK）」の政策広報責任者、クロエ・ライトさん（37）は、「介護は心身への負担がとても大きい。社会に貢献している介護者の権利を尊重し、その生活を支えていくことは非常に重要で、その意味で介護法の制定は画期的だ」としつつ、「法が目指す介護者の生活を守るような支援が十分に行き届いているとはいえないのが実情です」と話す。

16年7月、英国南部・カーディフ郊外の住宅街。通りの一番奥にある2階建て住宅に暮らしていた男性（当時86歳）が、4年間介護した認知症の妻（同85歳）を自宅寝室で殺害した。そして、自分も死のうと地域の主要駅に向かい、駅でホームから線路に下りて横たわった。

男性は、列車に脚をひかれたが救助された。「妻をこれ以上苦しませたくなくて殺した。妻には、施設に入れたら自殺すると言われていた」。男性は殺人罪で起訴されたが、7週間後にけがが元で死亡した。64年も連れ添ったという夫婦の近くに住むアマンダ・ゲディさん（44）は「お互いへの愛情あふれるすてきな夫婦だった」と振り返る。妻が認知症になってからも、男性は妻と「手に手を取って散歩していた」といい、「仲の良いご夫婦で、ご主人は献身的に介護していた。そんなに追い詰められていたとは……」とゲディさんは話す。

しかし、家族は男性の異変に気づいていた。

地元報道によると、夫婦と離れて暮らしていた娘や息子は、介護で目に見えてやつれた男性を心配し、事件の数週間前、地元自治体に介護支援を増やすことを求めていた。だが、男性は「大丈夫だ」などと言い続け、自治体側は、「夫妻が同意しない」として対策を講じなかった。

子どもたちは事件後、「父は明らかに限界だったのに、行政は本人の同意がなければ支援できないと放置した。正常な判断力を失った高齢の介護者の同意にこだわらず、もっと積極的に家族からの警鐘に耳を傾けてほしかった」と話した。

高齢者の事件に詳しい精神医学の専門家・グレアム・ヨーストン氏（55）は、「高齢の介護者は、助けを求めると周囲に迷惑をかけると考えて孤立したり、うつ症状の悪化などで的確な判断ができなくなったりすることがある。専門家のカウンセリングなどで、支援を必要としている人を早期に見つけ出すことが課題だ」と話している。

ケアラーズUKが介護者7000人を対象に17年に実施した全国調査では、69%が「介護で夜に良く眠れない」と回答。介護のためうつ状態になったとの回答も46%に上った。

メモ

介護者の権利や支援の必要性については、欧州連合（EU）諸国やオーストラリアなども法律などに位置づけている。高齢化が進み、介護を必要とする人が増える中で、介護者の負担を減らし、介護を理由にした仕事、学業の断念などを防ぐことを目指した制度が導入されている。一方、日本では2000年に介護保険制度が導入されたが、介護する側の権利は明確に位置づけられていない。全国の1741市町村のうち、介護保険利用者の家族に「健康相談」を行ったのは152、「慰労金等の贈呈」を実施したのは709にとどまる（2016年度調査）など、介護者への行政の支援は限定的となっている。

若者と同居で孤立死を防ぐ――フランス

「2003・8・11」「……8・14」「……8・18」

フランス・パリの近郊。市中心部から地下鉄と路面電車を乗り継いで約1時間、敷地面積100ヘクタールを超すティエ墓地には、2003年の夏に亡くなった人たちの墓が集中する一角がある。独居高齢者らの遺体が多く弔われた「第58区画」には、この年の8〜9月に亡くなったことを示すプレートが付けられた石造りの墓が並ぶ。

「普段は週1回程度だった遺体搬送の車が連日ひっきりなしに来て、休日もなく対応に追われたんだ」

墓地の男性職員は、当時の混乱をそう振り返った。

欧州各地を襲った03年の猛暑。気温が連日40度に迫ったフランスでは、約1万5000人が亡くなったとされる。パリなど都市部で、独居高齢者が自宅で命を落とす「孤立死」が相次いだ。

この年に孤立死した人たちの人生を追うドキュメンタリー番組を制作したジャーナリスト、ダニエル・アレさんは「個人を重視し、親子が別々に住むのが普通だったこの国に衝撃を与えた出来事だった」と話す。アレさんが取材した事例には、ルーブル美術館やエッフェル塔にも近いパリ中心部の高層アパートで、高齢男性が亡くなったケースもあったという。

フランスではこの経験の後、人とのつながりを後押しする動きが広がった。その一つが、高齢者世帯に若者が同居する「異世代ホームシェア」の取り組みだ。

「気持ちが若返るし、安心感もあるよ」

17年12月、パリ近郊にある一軒家の自宅で妻とともに取材に応じたドミニク・ジャランクさん(80)は、2年前の秋から同居している学生2人に目をやりながら笑顔を見せた。ジャランクさん夫妻は3人の子どもが独立した後に学生たちを受け入れるようになったといい、「これなら寂しくなることもないよ」と話す。

学生らが払う家賃は月約6万円。家賃が高騰するパリ近郊では格安だ。この家から近くの専門学校に通う南部トゥールーズ出身のリュシル・デュモンさん(25)も「パリに知り合いがいないので心強いし、経済的にも助かる」と応じた。

同居を仲介したのはNPO「二つの世代のアンサンブル」。高齢者の孤立を防ごうと、06年に設立された。若者には家賃を割安に抑えられる利点があり、11年間で約4200組が成立した。

近年は、同居の成立件数などに応じ、行政から助成金を支給されている。同団体のティフェンヌ・ドゥ・ペンフェンテニョ代表は「高齢者が新たな人間関係を作る仕掛けが必要だ」と話す。

また、集合住宅や住宅街の住人が飲食物を持ち寄って交流を深めるパリ発祥の「隣人祭り」は、孤立死が相次いだ03年を機に注目を集めるようになり、フランス各地のほか欧州など約30か国で行われるようになった。パリでは、アパートの住人らが中庭に集まる数十人の小規模なものから、通り全体の住人らが集まる千人単位のものまで、幅広く行われている。

パリ17区のアパート管理人で、約15年前から隣人祭りを続けているルルデスさん（52）は、「住民たちは、今やみんな顔見知り。子育てや買い物を手伝い合うこともあるわ」と手応えを語る。計24戸約70人が住むルルデスさんのアパートでは、年１回の隣人祭りだけでなく、住人同士が毎週のようにバーベキューをしたり、一緒に外出したりするような仲になり、ＳＮＳでグループをつくって気軽にメッセージもやりとりしているという。

2003年の猛暑で亡くなったパリの高齢者らが埋葬されているティエ墓地（写真は一部修正）

ただ、孤立死は、その後もなくなっていない。

パリから電車で約１時間のマント・ラ・ジョリ市にある低所得者向けアパートで、16年３月、住人の男性（当時68歳）のミイラ化した遺体が見つかった。

「１年以上顔を見なかったが、異変には気づかなかった」。向かいの部屋に住むジョージさん（42）は、取材にこう打ち明けた。

住民の話や現地報道によると、男性は約10年前まで母親と二人暮らしだったが、死別後は元気を失い、近所付き合いも減った。家賃滞納で強制執行官が部屋に入った時、郵便物は1年2か月前からたまっていたという。

もともとは自転車好きでアパートの住人とも親交があった男性だが、亡くなる直前はジョージさんが握手を求めても拒否するなど、心を閉ざした様子だった。「ショックだが、どうすればよかったのか……」と力なく語る。

同市によると、男性の遺体は、市が費用を負担してアパート近くの市営墓地に埋葬された。管理人の女性は「埋葬には私が立ち会ったが、家族や友人は誰も来なかった」と言う。同市幹部は「高齢者の孤立対策は大きな課題で、社会的な結びつきを強めるための対策が必要だと感じている」と話し、最近では高齢者が集まる茶話会を開催したり、配食サービスを行ったりしているという。

パリの区議時代に孤立死の現場に直面して、１９９９年に隣人祭りを発案したパリ市議のアタナーズ・ペリファンさん（52）は、「孤立をどう食い止めるかは世界的な課題だ」と指摘。「行政も個人も、社会的な孤立が生命などのリスクを高めることを認識し、人と人とのつながりをどう作っていくのかを考えていかなければならない」と話した。

メモ
内閣府の「高齢者の生活と意識に関する国際比較調査結果」（2015年度）によると、一人暮らしをしている60歳以上の割合は、米国、ドイツ、スウェーデンは38～48％で、日本は16％。一方、この4か国の60歳以上の人に「同居の家族以外に頼れる人」を尋ねたところ、欧米の3か国では「友人」が43～45％、「近所の人」が25～42％あったが、日本はいずれも2割未満だった。石田光規・早稲田大教授（人間関係論）は「当たり前に家族に頼れた時代は日本でも終わりつつある」と指摘。「単身世帯の増加に備えた社会保障システムの整備が急務だ」としている。

あとがき

〈孤絶というタイトルが重く、寂しく感じられ（中略）読んでいると心が沈んでしまう、というのが正直な今の感想です〉

そのメールが、北陸地方の男性読者から読売新聞社会部宛てに届いたのは、本書に収録した「孤絶　家族内事件」の連載の第2部が社会面で始まってから、ほどなくしてのことでした。

連載の第1、2部を社会部のデスクとして担当した私は、このような意見が来ることを、ある程度は予想していました。しかし、2016年12月に第1部が始まって以降、連載中にひっきりなしに届く手紙やメールは、想像以上に切実でした。「自分のことのようで毎回とても苦しい」「つらく悲しくなる」といった声が少なくなく、「ひきこもりの子どもが記事を見たら体調が悪化する。連載を中止してほしい」という要望まで寄せられました。タイトルの語感も、暗いイメージを増幅させたのかもしれません。

「孤絶」は、取材班の記者たちとタイトルをどうするか議論していた時に、ふいに浮かんだ言葉です。「孤独」や「孤立」では言い表せない、出口のない家に閉じ込められたような絶望を、記者たちの取材メモから感じ取っていたのだと思います。

取材班は、閉ざされた家の扉をたたき、自らや家族が引き起こした事件について語ってもらわなければなりませんでした。私の手元にあったリストには、「取材不可」の報告が積み重なっていきました。しかし、かろうじて重い口を開いた人たちは、「孤絶」でも言い表しきれないほどの壮絶な日々を記者に語ってくれたのです。

介護殺人、児童虐待、孤立死――。どれも、日本社会における家族の孤立、地域社会の荒廃を示す悲劇ばかりです。とりわけ私が取材メモを読んで胸を衝かれたのは、精神障害や知的障害、ひきこもりの子どもを抱え、老いてもなお苦しみ続け、ついには「家族を暴力から守りたい」「周囲に迷惑をかけられない」と思い詰めて、わが子に手をかけてしまった親たちの姿でした。

この問題には、日本人のメンタリティーが少なからず影響を与えているように思えてなりません。親たちは、子どもの障害や社会への不適応を「恥ずかしいこと」「自分の責任」と考え、周りに助けを求めることができないまま、苦悩を深めていました。新聞をはじめとしたメディアの側でも、当事者を取材する難しさも相まって、個々の事例を掘り下げて取材する機会が少なかったと思います。連載には全5部を通じて700件近い手紙やメールが寄せられましたが、最も反響が多かったのは、親の苦悩を取り上げた第2部だったのです。

冒頭で紹介したように、反響のメールや手紙には否定的な反応も少なくなかったのですが、驚いたのは、子どもの将来を悲観して思い悩む親、それを支える家族、ケースワーカーらから、記事に感謝する声が次々に届いたことでした。

〈私の二女も精神科に通院しています（中略）つい自分が悪かったと思い苦しい毎日です（中略）新聞で精神病のことを取り上げてもらえてとても良かったです〉

文字からも必死さが伝わってくるこの手紙は、医師も薬を出すだけで、家族のつらさにまでは向き合ってくれないと訴えていました。連載では、悲劇を悲劇として描くだけで終わらせず、親同士が支え合うための家族会や、「ひきこもり地域支援センター」など行政の支援窓口も可能な限り紹介するよう努めました。そうした情報は本書にもすべて収録し、巻末にも支援窓口の一覧を掲載しました。出口を見つける一つのきっかけになってくれるといいのですが。


実際に、ふとしたきっかけや出会いによって、孤独に光が差すことがあります。

本書では、連載で取り上げた家族内事件の加害者に、記者がどのように出会い、取材で何を話し、記事掲載後にどんな出来事があったかも加筆しました。嫁ぎ先で義母と夫の「ダブル介護」で追い詰められ、家に火を放った68歳の女性は、拘置所で面会した女性記者にその後も手紙を書き続けています。そして、そこにつづった決意の通りに、近所の介護施設での洗濯や掃除の仕事に生きがいを見いだしています。

精神障害の息子を16年間支えた末に、症状の悪化を悲観して殺害した81歳の父親は、出所後に訪ねた男性記者と今も交流を続けています。自責の念に苦しみながらも、マスターズ陸上大会に記者を毎年招き、元気に走る姿を見せてくれています。一度は絶望に負けてしまった人でさえ、こうして人生をやり直せている姿を見ると、事件の前に周囲のサポートが得られなかったことが残念でなりません。

ただ、この父親と親交があった自治会長が、事件を知って「たとえ相談されたとしても、自分に何ができただろうか」と感じたように、家族のプライバシーに行政機関や地域住民が関わっていくのは簡単なことではありません。家族・親族の解体、近所同士のつながりの希薄化が進んだ今の日本において、どうすれば孤絶した人と周囲の橋渡しができるのか、私たちは考え続けていく必要があります。


この連載と本書に携わる中で、常に肝に銘じていたことがあります。加害者への同情に流されてはいけないということです。

激しい家庭内暴力をやめられず、父親に殺害された精神障害者の娘が、入院先の病院で書いていた日記があります。

〈弱い顔を見せることができるのは、家族だけです〉〈自分のことは自分で管理してゆかなければ（中略）今日はクリスマスイブです。とても悲しいイブです〉

この日記を連載で取り上げると、精神障害者の兄がいるという福祉施設職員の男性から、「一番苦しんだのは娘だったという非常に重要な視点が掲載されていると感じました。社会に存在する精神障害や精神疾患への無理解と恐怖が、この記事によって少しでも解消されればと切に願います」という感想が寄せられました。

認知症や精神障害など、自分では制御できない原因で徘徊や暴言・暴力を繰り返したからといって、家族の手で殺されたり、傷つけられたりする理由にはなりません。事件に至ったのは一握りであり、ほとんどの家族は、支える側も支えられる側も、耐え忍びながら解決策を模索し続けているのです。

この「あとがき」を書いているさなかにも、元農水省次官が、同居の44歳の長男を刺殺したというニュースが飛び込んできました。ひきこもりだったとされる長男との間で何があり、殺害の動機にどうつながっているのかは、今後の捜査や裁判を見ないと判断できません。ただ、確かなのは、「令和」に足を踏み入れた私たちが、こうした悲劇がいつ誰の身に降りかかってもおかしくない時代に生きているということです。

冒頭のメールはこう結ばれていました。

〈今後、「孤絶」ではない希望のあるタイトルのシリーズが記事にされる日を望んでやみません〉

それは、私たち取材班の願いでもあります。

読売新聞グループ本社法務部次長（連載当時・社会部次長）
田中史生

「悲惨な事件が続く以上、制度や体制の拡充はもちろん、虐待を見抜き、迅速に対応する専門家の能力向上も欠かせないだろう。子どもの叫びを受け止めるには何が必要なのか、社会が一体となって考えることが求められる。（児童虐待問題取材班）」――。

全国で相次ぐ児童虐待事件を取り上げた読売新聞の連載記事からの引用です。この記事が掲載されたのは、本書籍の土台である連載「孤絶　家族内事件」で児童虐待を取り上げた2017年7月から約7年前の、10年夏のことでした。

◆

今回の書籍化にあたって、担当デスクとして関わった連載第3部〜第5部が掲載された紙面を読み返しながら、私たち取材班が選んだテーマが「古くて新しい」ものであることを、改めて実感しています。

第3部の児童虐待も、第4部で扱った「孤立死」も、ここ最近になって初めて社会問題化したような事象ではありません。

しかし、悲しく、やりきれない事件は、今も途切れることなく続いています。

行政としても、社会としても何ら有効な手立てを講じられないいまま、同じようなことが繰り返されている。そのような認識を持って、連載「孤絶」でもこれらの問題を取り上げたわけですが、記事が紙面に掲載された後、書籍化に向けた作業を続けていた間にも、社会を震撼させる虐待事件が相次いで起きてしまいました。

18年3月に東京都目黒区の船戸結愛ちゃん（当時5歳）が亡くなった事件も、今年1月に千葉県野田市の小学4年生、栗原心愛さん（同10歳）が亡くなった事件も、児童相談所が親による虐待を理由に一度は保護しながら、親の元に戻されて再び一緒に暮らした末に起きた悲劇です。

一体これまでに何度、取り返しがつかない事態になってから同じような経緯を聞かされてきたのか。そう感じた方も少なくないだろうと思います。

「もういい加減に、小さな命が奪われる連鎖を断ち切らなくてはならない」。本書籍用の原稿に2つの事件を書き加える作業を進めながら、何度もそう思わずにはいられませんでした。「これまでと同じようなことをやっていてはダメだ」という意識を、社会全体で共有する必要があるのではないでしょうか。


「孤立死」は、刑事事件として世に発覚することが多い第1部〜第3部の題材とはやや性質が異なりますが、ある意味、第1部から通して連載の根幹に据えてきた「地域社会からの孤立」の果ての最たる事象であろうと考えました。さらに言えば、そもそも地域社会がセーフティーネットとして機能しにくくなっていることを端的に示している事象でもあることから、連載の第4部で取り上げることを決めた経緯があります。

このような人生の最後を迎えてしまう人を少しでも減らすにはどうしたらよいだろうか。取材班はこの思いを共有しながら取材、執筆に取り組みましたが、その後もわが国の高齢化は加速度を増し、単身世帯も増え続けています。孤立死はもはや、私たちの誰にでも起こりうるものと考えるべきでしょう。

懸念されるのは、孤立死に関し、行政がほぼ手付かずの状態にあるということです。そもそも法的な定義もされていなければ、公的機関による全国的な実態把握も行われていません。

今後、爆発的に増える状況にある孤立死。どのような対策を講じるにせよ、前提として、公的機関による実態把握は欠かせません。

取材を続ける中で、「独居の高齢者が増え続けている以上、孤立死する人がいるのはある意味で自然なことではないか」といった声を聞くこともありました。しかし、人の死という重い事実が、周囲の誰にも気づかれないような社会が果たして健全だと言えるでしょうか。「仕方がないこと」で済ますべき問題ではありません。

これらの課題が容易に解決できるものではないことは、日本と比べて先進的な取り組みが進められ、制度も整備されてきたはずの欧米諸国が様々な課題に直面していることを紹介した第5部からも明らかでしょう。

そのような中で、第5部の最終回で紹介したフランス地方議員の指摘（社会的な孤立は、様々な形で人々の生命のリスクを高めるものであること）は、今回の連載や本書籍で取り上げたすべてのテーマの解決の糸口になるものではないかと感じました。地域から孤立し、苦悩を抱え込む人をいかにして少なくしていけるか。困難な道のりではありますが、ここに今後の道標を求めたいと思っています。
連載「孤絶　家族内事件」を担当した19人のうち、取材・執筆は小田克朗、粂文野、小池和樹、鈴木貴暁、山下真範、竹内駿平、石井恭平、藤井亮、角谷志保美が、写真撮影は奥西義和、繁田統央、秋元和夫、園田寛志郎が主に行いました。各メンバーが日常業務と並行して行った書籍化のための再取材、加筆には思いのほか時間を要しましたが、時に励まし、辛抱強く待ち続けていただいた中央公論新社・木佐貫治彦氏のおかげで何とか形にすることができました。この場をお借りして、厚く御礼を申し上げます。

読売新聞東京本社グループ政策部次長（連載当時・社会部次長）
石原明洋

児童虐待に関する主な支援機関や団体

概　要	団　体	連絡先
児童相談所職員が児童虐待の通告や子育ての悩み相談に対応	児童相談所	●全国共通ダイヤル＝189（24時間365日対応） ●各地の児童相談所一覧（https://www.mhlw.go.jp/bunya/kodomo/dv30/zisouichiran.html）
法務局の職員や人権擁護委員が虐待などの相談対応。相談無料、秘密厳守	法務局	●子どもの人権110番＝0120-007-110（平日午前8時30分～午後5時15分） ●法務省インターネット人権相談受付窓口（https://www.jinken.go.jp/）
警察庁の委託を受けた民間団体が児童虐待などの匿名通報を警察に提供し、捜査等に役立てる	警察庁	●匿名通報ダイヤル＝0120-924-839（平日午前9時30分～午後6時15分） ●ウェブ匿名通報（https://www.tokumei24.jp/）
予期せぬ妊娠などで悩む女性の相談対応	一般社団法人「全国妊娠SOSネットワーク」	全国の相談先一覧（http://zenninnet-sos.org/）
発達障害のある子どもを持つ親や支援者からの相談を受け付ける	国立障害者リハビリテーションセンター発達障害情報・支援センター	全国の相談先一覧（http://www.rehab.go.jp/ddis/相談窓口の情報/）

独居高齢者の孤立に関する主な支援機関や民間サービス

概　要	団　体	連絡先
一人暮らしの高齢者や障害者に関する見守りなどの相談対応	各地の地域包括支援センターや社会福祉協議会	各市町村へ問い合わせ
郵便局社員が訪問する見守りサービス（有料）	日本郵便	0120-23-2886（平日午前9時～午後9時、土・日・休日午前9時～午後5時）
室内にセンサーを設置し、一定時間動きがない場合に安否確認するサービス（各自治体で利用の可否異なる）	セコム	0120-025-756（年中無休、24時間）
電気の利用状況に異常があれば家族に通知する見守りサービス（有料）	東京電力エナジーパートナー	0120-921-325（午前9時30分～午後6時30分）

介護や認知症等の主な支援機関や団体

概　要	団　体	連絡先
高齢者支援や介護保険の窓口となる自治体の機関	各地の地域包括支援センター	各市町村へ問い合わせ
認知症の人や家族が中心となってつくる全国組織。各地で介護家族の相談や勉強会を開催	認知症の人と家族の会	0120-294-456 平日午前10時～午後3時
介護をしている男性を支援する相談会や勉強会を実施	男性介護者と支援者の全国ネットワーク	075-466-3306 水曜日の午後1時～午後5時

ひきこもりや障害等の主な支援機関や団体

概　要	団　体	連絡先
各都道府県や政令市など75か所にある。家族の相談や当事者の集いを開催	ひきこもり地域支援センター	各都道府県へ問い合わせ
ひきこもりの当事者や親、支援者らの全国組織で、相談会や勉強会を開催	ＫＨＪ全国ひきこもり家族会連合会	03-5944-5250
精神に障害のある人の家族会の全国組織。普及啓発活動や家族学習会を実施	全国精神保健福祉会連合会	03-6907-9211
知的障害者の権利擁護と政策提言を行う全国組織	全国手をつなぐ育成会連合会	077-572-9894
ファイナンシャルプランナーらが親が亡くなった後の財産管理について相談を受け付ける	働けない子どものお金を考える会	ホームページから問い合わせ (https://survivallifeplan.com/)
信託銀行などが扱う後見制度支援信託や障害のある人のための信託などの相談ができる	信託協会	0120-817-335 午前9時～午後5時15分 (土・日・祝などの銀行の休業日を除く)

孤絶《こぜつ》
——家族内事件《かぞくないじけん》

2019年8月10日　初版発行
著　者　読売新聞社会部《よみうりしんぶんしゃかいぶ》
発行者　松 田 陽 三
発行所　中央公論新社
〒100-8152　東京都千代田区大手町1-7-1
電話　販売 03-5299-1730　編集 03-5299-1740
URL　http://www.chuko.co.jp/
ＤＴＰ　今井明子
印　刷　大日本印刷
製　本　小泉製本

Published by CHUOKORON-SHINSHA, INC.
Printed in Japan　ISBN978-4-12-005223-1　C0036